CHRIS BOSH

克里斯‧波許——著

李祖明——譯

你的人生
為何而戰

NBA名人堂成員波許
寫給人生的12封生命指引

LETTERS
to a
YOUNG
ATHLETE

我想把這本書獻給我超棒的妻子阿德蓮（Adrienne）和五個優秀的孩子。我全心全意地愛著你們，沒有你們，任何事都沒有意義。致一路走來幫助我走過這段偉大旅程的每一位教練、師長、隊友、開導與支持我的人，謝謝你們。

| 目 錄 |
CONTENT

序言

派特・萊里
Pat Riley

親愛的克里斯，

　　人的生命中會有些關鍵時刻足以改變你和周遭人的一切，或使真相水落石出。這些時刻隨時可能發生，而且會與我們的人生息息相關，並替我們開拓更多甚至更豐富的閱歷。

　　身為一名在NBA打滾多年的球員、教練與高層主管，我經歷了許多快樂與痛苦的時刻，它們的回憶從來沒有離我遠去。在我的生活中，隨時可能因為一場會議、一通朋友打來的電話、一首歌、一張掛在牆上的圖片等小事，將我帶回當時的情緒，通常我都能以更清晰且透徹的角度回

顧這些時刻。

　　有些時刻對我來說依然不可思議，還是會令我不禁思索：「這到底怎麼發生的？」對我來說，你在熱火生涯的轉捩點就是一個經典的例子。二○一二年，你與熱火攜手奪冠，擊敗有著羅素・威斯布魯克（Russell Westbrook）、詹姆斯・哈登（James Harden）與凱文・杜蘭特（Kevin Durant）坐鎮的強敵雷霆。一年後，我們為了保衛冠軍王座，與聖安東尼奧馬刺進行了一場真刀真槍的戰鬥。馬刺是一支由葛雷格・波帕維奇（Gregg Popovich）執教，以提姆・鄧肯（Tim Duncan）、托尼・帕克（Tony Parker）、馬努・吉諾比利（Manu Ginobili）領銜的偉大球隊。馬刺取得系列賽三比二的領先，並準備好在我們的主場擊敗我們奪冠。當下，他們完全把我們壓著打。在第六戰的最後關頭，場面對我們來說非常不利。比賽還剩十七秒，以九十二比九十五落後，我們有球權，並試圖突破他們的防線。只要對手阻止我們的進攻並搶下這顆籃板球，這場比賽就可以說是無力回天了。我們需要得分才能在這場比賽中保有一線生機，不管是投進三分球還是兩分球都好。史波教練（Spo，Erik Spoelstra）替勒布朗（LeBron）設計了一個高位雙重掩護的戰術，於是得到一個很好的三分球出手空檔與追平比數的機會。時間剩下最後十秒，勒布朗的球沒

進，球打到籃框後高高彈起。這是個成王敗寇的聯盟，但決定勝負的從來都不是巧合。當下，這顆籃板對兩隊來說都至關重要。如果球被馬刺拿下，我們就不得不犯規。球還在半空中，覺得馬刺將獲勝奪冠的工作人員們已經開始在拉黃色警戒線，也令已經坐不住的熱火球迷們對此報以噓聲。

球在半空中旋轉的瞬間彷彿化為了永恆，馬刺的輪轉防守讓他們的每一名球員都得和自己不同位置的球員爭奪搶籃板的有利位置，也讓最終和你卡位的球員成了托尼·帕克。這對馬刺來說這實在是個糟糕的籃板對位，因為比他足足高了近二十五·五公分的你還是一位如此聰明且直覺敏銳的球員。你知道自己有優勢，所以只需要確保自己不會為了搶下這顆籃板而做出過大的動作與推擠、侵犯到帕克的領域而被吹進攻犯規就好。[1] 把握住最佳的時機，你盡自己所能地跳到最高點，並沒有就地等著球落入手中。在所剩不多的時間裡，你用那雙有如老虎鉗般的大手抓下球，並沉著冷靜地將它送到NBA史上最危險的三分射手手裡。這種場面對雷·艾倫（Ray Allen）來說並不陌生，預測你會抓下這記籃板後，雷沒有回頭用眼睛確認便倒退跑

1　　譯註：實際上此時離波許最近的馬刺球員是丹尼·葛林、馬努·吉諾比利和科懷·里奧納德。

到底角。這是拚戰多年來他早已做過不知多少次的事，也因此他能絲毫不差地判讀自己在球場上的位置。當我在教球員接到傳球後出手的基本觀念時，總是會說一句「球還在空中移動，腳就要跟著跑動」的老話，因為這樣你才能在接到球時保持平衡。雷接住球後，他的腳剛好落在了三分線外，隨即踮起腳尖一躍而起。他擺正角度，讓自己的身體正面迎向籃框，雙眼更像雷射光一般鎖定目標，接著便將球投出。即使有三名馬刺球員絕望地撲來，給予這次出手十足的干擾，他依然穩穩地完成了投籃的延伸動作。我剛好就站在雷的身後，想著我們幫勒布朗製造出一次很棒的投籃空間，靠著你搶下了一記救命籃板以及你精準的助攻，完美地把球傳給我們最優秀的關鍵射手雷・艾倫柔順的手裡。在這樣的絕境中，你不能再要求球員做得更多了。一翻兩瞪眼的結果即將出爐，所有人都彷彿石化一般目瞪口呆，用滿臉「噢我的老天爺」的表情祈禱著奇蹟出現。比賽還剩五・三秒，球進了，不但將比賽追成九十五比九十五平手，也激起了主場球迷如雷的瘋狂歡呼。天啊！那種腎上腺素飆升以及敵我氣勢此消彼長的感覺真是難以形容，而我們的球員可不會放過這個比賽的分水嶺。

在延長賽的尾聲，我們領先一分，需要阻止對手的最後一波進攻。馬刺替陣中角色與雷・艾倫相仿的丹尼・葛

林（Danny Green）設計了戰術，這是一個許多球員都在跑位或幫隊友掩護、動向十分複雜的進攻回合。球傳到弱邊底角，葛林得到接球的空檔，但你注意到並及時換防，緊緊地壓迫著他。在他跳起來準備出手的瞬間，你算準時間點，在沒有犯規的情況下把球蓋了下來，也鎖定我們的勝利。那些原本盤據在我們腦海裡的金黃色封鎖線消失了，馬刺也失去在邁阿密慶祝的機會。你的籃板、傳給雷的助攻與蓋掉葛林出手的火鍋，在大家面前展現出你的全能身手與優秀之處，展現出你有在重要比賽做好這些關鍵細節的精神與決心。兩天後，邁阿密熱火乘勝追擊贏得第七戰，在自家主場慶祝另一座冠軍，勒布朗當之無愧地成為總冠軍賽MVP。所有參加這個系列賽的球員都在這幾場比賽中有過屬於他們的時刻，但只要是了解何謂勝利與在大場面挺身而出的人，都會記得你才是打出一連串最佳好球並且幫助球隊多添一座冠軍的關鍵人物。這一切都不是巧合，而我們永遠都不會忘記克里斯·波許的貢獻。

痛苦

時間回到兩年前。你失落且迷茫地抬起頭看向記分板，然後看著達拉斯小牛慶祝贏得二〇一一年NBA總冠軍

的情景並深深地嘆了口氣。是的，我們在主場輸掉這場比賽，讓這場失利變得更加悲慘。你垂頭喪氣地緩步穿過擁擠的球場、走進美國航空球場（American Airlines Arena）的冠軍之巷[2]，我看得出來你正承受著巨大的痛苦。我也看見你的冠軍夢想在德克·諾威斯基（Dirk Nowitzki）百發百中的跳投與傑森·基德（Jason Kidd）的智慧球風下破滅，成為你職業生涯中最慘烈的夢魘。隊友們把手放在你的背上，盡他們所能地安慰著跪在地上痛哭的你，接著把你撐起來，挽著彼此的手慢慢走回休息室。這些兄弟也和你一樣心痛。

在勝者才能享有一切的NBA總決賽中，有些球員以堅忍不拔的態度面對失敗，也有人沮喪或憤怒。有人對此毫無感覺，只覺得是輸了一場球而已；也有人因此崩潰，任由淚腺潰堤。這種不可思議的情緒波動難以用筆墨形容，尤其你格外在乎的話更是如此。不論是在哪種情況下，輸掉爭冠的機會都會讓你的夏天十分難受。很多人會胡思亂想、陷入死胡同，好幾個星期都走不出來。直到球季在秋天再度開始之前，這種失落感會一直纏著你不放。看到這悲傷的一刻，我覺得自己沒有做足準備幫助你們獲勝。這

2　　　　　譯註：一道兩面牆掛滿熱火奪冠精彩照片的走廊。

可能是我長久以來感覺最糟的一次，即使我以前就經歷過許多次這樣令人心碎的時刻。這番疼痛可能會令當事人在內心不斷呼喊著：「請把籠罩在我頂上的絕望帶走，讓噩夢消失吧！拜託！」然而，裹上毛毯或是沖個熱水澡並不能沖散這些疼痛，只有時間才行。你憑自己的力量挺了過來，這就是職業選手的工作，而你是完美的職業球員。

　　就在一年前的二〇一〇年七月九日，同一座球場舉行了一場盛大的慶祝活動，引領邁阿密迎來「三巨頭」的新時代。勒布朗·詹姆士、原本就在我們隊中的德韋恩·韋德（Dwyane Wade）加上決定和邁阿密熱火簽約的你，促成了一支超級球隊。勒布朗在舞台上迎接成千上萬熱火球迷的喜悅之情，滔滔不絕地表示這支球隊將贏得不只一座、兩座、三座、四座，而是許多座冠軍。被當下情緒影響而對這件事誇下海口實在也不能怪他，但有些人卻將它信以為真，因此一年後的背水一戰中，我們在主場遭到達拉斯羞辱，這般反差帶來了深沉的痛苦。由於表現不如眾人預期，勒布朗成為酸民們砲轟得最兇猛的靶子，有些人甚至在我們正要開始重整旗鼓前便宣判了三巨頭的死刑。

　　達拉斯狠狠地修理了我們，媒體的報導也寫得很不堪。每個人都想看到三巨頭慘遭滑鐵盧，輸得越慘越好，而他們得償所願了。現在，我們要如何收拾殘局呢？為了

明年，球隊該做哪些改變？這場慘痛失利的餘波將引導我們做出不同的變革。正如我一直以來所說的，競技體育帶給人們的情緒只有兩種，就是勝利的滋味與敗北的痛苦，沒有中間地帶。若要使這些傷痛癒合，你就必須對症下藥。

你聰明至極，而且是個非常明白事理且腳踏實地的人。更重要的是，你有著非凡的人格特質，既有同理心又有極強的精神力，這是相當罕見的組合。這兩者的結合幫助我們打造出了一支真正強大的團隊。

經營一支優秀團隊的過程始於球場內外巨大的個人犧牲。你是在球場上犧牲最多的人，你把自己習慣球風中的投籃、得分、觸球環節都讓給了德韋恩與勒布朗。德韋恩也在自己的打法上做出讓步，藉此讓球隊中的最佳球員勒布朗得到更好的機會。勒布朗在球隊王牌的角色中大放異彩，令球隊中新的團隊秩序隨之定調，並且沒有引發原本可能因為球員太過自我而產生的問題。你、勒布朗與德韋恩一同自動自發且無私地擁抱了這種真正贏家應有的態度，轉移了人們關注「這是誰的球隊」的注意力，並消除了個人出風頭與自負的心態，避開了偉大球隊因此垮台的可能。我們打出全新的風格，因為球隊擁有的這些球員不僅是超級球星，更是非常聰明且渴望贏得總冠軍而非得分

王頭銜的選手。從一開始，這支球隊就擁有崇高的運動家精神，以及場上表現與個人風範都極為出色的球員。然而當你與達拉斯的球員們握手、碰拳並擁抱時，你的內心深處知道一旦自己離開球場前往休息室，將有很長一段時間會走進一座盡頭沒有光、只有嚴詞批評的隧道。在這段期間，每個人任憑他人如何嘲弄都只能逆來順受，直到媒體鋒利的文字不會再刺傷你的心靈後，才能將生活帶回正軌，接受結果，然後做出改變。

三巨頭自願接受了新角色所帶來的變化。我們走上重返巔峰的征途，也知道還有另一次機會在前方等著我們。如果你把心力投入在求新求變與變得更好，那麼你將做出前所未有的犧牲。每個在NBA打球與任職的人都喜歡成功帶來的名聲、財富與他人的認可，但不是每個人都能接受為了實現這個目標而做出的必要犧牲。邁阿密熱火辦到了，失敗帶來的深沉傷痛也因此被驅散，而治癒這道傷口的正是犧牲與信任。

第一次揮軍總冠軍賽失利所帶來的變化中，最重要的就是闡明勒布朗、德韋恩和你的角色會如何演變，以免重蹈二〇一一年的覆轍。而犧牲最多的球員，就是你。你在多倫多一直是陣中最有天賦的球員，每項重要的數據都領先全隊，但暴龍卻無法實現你想為總冠軍而戰的期望。如

今盡可能犧牲個人數據而成就團隊利益的你，在我眼中成了讓三巨頭發揮作用的核心人物。你的特質、智慧與全方面的球技幫助我們成為一支真的有如猛獸般強悍的球隊。沒有多少位超級球星願意屈就為球隊的第三甚至第四進攻選擇，但你做到了，也因此成為一位冠軍球員。我們在那個夏天進行了許多深入思考與激烈討論，研究球員的角色定位與如何增加球隊陣容深度，令球隊變得更好。一年後，球隊中少了爭奪球隊地位的動盪不安，並在敗給達拉斯後變得成熟許多，證明新生的熱火是一支所向披靡的球隊。在總冠軍賽首戰敗給雷霆後，我們連贏四場，在主場慶祝三巨頭成軍以來的首冠，競逐冠軍的旅程只用五場比賽就結束了。明白我們打造出一支什麼樣球隊的純粹情緒湧上心頭，我們曾經是挑戰者，現在我們成為了冠軍。如果維持原班人馬，將會一次又一次地回到總冠軍賽的舞台。這支超級球隊完成了任務，現在回到休息室裡沒有痛苦的淚水，只有欣喜若狂的高呼與擁抱，以及因刺眼的香檳從頭上流進眼睛時刺激出的眼淚，這種喜極而泣的淚水是最棒的。這一年之間，人生的大起大落太刺激了。

逆境

　　你才三十五歲而已，但在二〇一五至一六年球季後就沒有再打過任何一場NBA比賽。二〇一九年三月二十六日，在你效力球隊期間頻頻繳出精彩表現的美國航空球場，邁阿密熱火榮退了你的背號、球衣，並讓你與球員生涯揮手告別。球場上再也不會有像你這樣的球員了，你是個獨一無二的人，也是名獨樹一格的職業選手。你是這支偉大團隊中的一份子，我們連續四季揮軍總決賽、兩度贏得總冠軍，直到現在這依然是球隊歷史中最輝煌的一頁。我們打出了偉大的籃球與精神，並得到球迷與媒體狂熱的支持，這是段多麼美好的時光啊！這些由勝利帶來的純粹喜樂靠著眾志成城的力量才得以實現。如果健康因素沒有縮短你的職業生涯，你本來可以在聯盟征戰二十年。二〇一四年的夏天，我們失去了勒布朗，他決定回到家鄉克里夫蘭。可以說我們都被他的決定震撼並且傷害到了，因為在四度競逐總冠軍並兩度贏得金盃後，我們都覺得三巨頭才正要開始建立王朝而已。儘管勒布朗離開，我們還是覺得有德韋恩和你扛起招牌的熱火是一支很棒的球隊，畢竟你們依然能在接下來的許多年繳出高效與明星水準的表現。只要替你們找到優秀的綠葉球員，我們就能保有角逐

冠軍的競爭力。從勒布朗離開後的休賽季到交易截止日，我們都積極地在強化團隊戰力。二〇一五年二月十九日下午六點，我們從鳳凰城太陽交易到葛蘭‧德拉基奇（Goran Dragic），覺得他能幫助球隊重返爭奪冠軍的道路。德拉基奇是一位具有侵略性且全能的球員，他的意志堅強、天生無所畏懼，可以在後場與德韋恩並肩作戰。只是在交易完成的十分鐘後，發生了一件宛如晴天霹靂的事。我接到醫生的來電，他告訴我，你將因為血栓問題缺席本季的剩餘賽事。我很震驚，也亟欲關心你和你的健康狀況。我們失去一名天賦無可取代的球員與偉大的領導者，也留下了隊友們難以補上的數據缺口。但在那一刻，這一切都無關緊要，我們唯一在乎的是如何讓你恢復健康。這對你和球隊而言都是毀滅性的打擊。起初，我們覺得血栓問題能夠及時解決，你在下個球季就能回歸戰線。同一時間，球隊在你沒辦法上場打球時兵敗如山倒。直到四月初，我們都還有爭奪季後賽晉級資格的機會，然而我們在球季的最後階段表現很差，也因此在二〇〇八年以來首次未能進入季後賽。主要的原因，當然是失去了你。失去一位領袖且才華洋溢的球員成為球隊實在無法承受的重大打擊。

在我投身於NBA的五十三個年頭裡，在這個不知道你的未來將會何去何從的時刻，對我來說真的是一段低潮

期。我們替你的身體狀況進行了各式各樣的檢查，而這些醫學檢查報告的結果不是恐怖，就是非常恐怖。在這個聯盟中，人們時常因為籃球因素而做出各種決定，但若是事情與球員的健康有關，籃球也就沒那麼重要了，沒得商量。接下來的幾年裡，雖然你沒有上場打球，卻依然與我們的球隊一同努力不懈地試圖找出能讓你重回球場的醫療措施與健康安全協議，這段過程有時引起了一些爭議。我很同情你、阿德蓮和你的家人。由他人宣判你的職業生涯因為健康因素而終結，這樣的結果實在令人難以接受。但不論處在何種逆境之中，我們總能得到某些收穫。我認為你最終在家人與朋友身上得到了它，並且了解自己可以藉由這番經驗在生命中做到更多事。

在那個三月天，我們把你的一號球衣掛上了美國航空球場的屋頂，所有人對你和你的家人們展現出全然的愛與尊重，令我沉浸其中。你面對了如此巨大的考驗，卻依然有辦法克服它，並能夠灑脫地表示「沒關係，我已經放下它了」。聽到這番我們久候多時的發言，你的親朋好友、我與整個熱火的大家庭都落下眼淚。你告訴我們，你熱愛熱火球員的身分，享受這些爭奪總冠軍的旅程，喜愛你們這些球迷。那天晚上，你對生命中所有的美好事物表達出毫無掩飾的感念之情，感動了現場的所有球迷。在你動人的

演講結束時，繡有你背號的球衣在屋頂上飄盪著。你拿起支架上的麥克風，走到更靠近球迷的演講台前方忘情地嘶吼，就像你又打出了一記扭轉比賽勝負的精采好球。帶著滿滿的熱情與鏗鏘有力的聲音，你擺出宛如綠巨人浩克的經典姿勢，呼喚著看台上的所有人，要他們再一次和你一起吶喊。**加油，一起前進！加油，一起前進！加油，一起前進！**而我們一直以來也都是這麼做的。你完成了一次完美的告別演說，克里斯，你永遠是一位熱火人。

愛你的，派特

前言

　　你最不需要的可能就是腦海裡試圖影響你的另一個聲音。

　　我懂。

　　你隨時都可能會遇上想要影響你的人。不論你是剛進職業聯賽、千載難逢的天才選手，還是放學後參加比賽的普通小孩；不論你打籃球、打曲棍球、丟鉛球，還是在美式足球比賽擔任近端鋒；甚至不論你只是想在課堂上好好表現，還是正準備開始工作，都可能有很多這種人找上門來。

　　這些人可能是教練。

　　你迷戀的人。

　　隊友。

　　老師。

父母。

同儕。

觀眾。

也有可能是球探、記者或酸民等等。而這些想干擾你的聲音中最強烈的一個，或許是你心中的另一個自己，他的話語比什麼都來得恐怖。在你兩耳之間不斷呢喃著的內心獨白，比任何事物都更有可能擾亂你、羞辱你、灌你迷湯、帶你誤入歧途或令你躊躇不前。

然而不管這些聲音是從誰的嘴裡說出來，它們都有一些共通點，就是他們都覺得自己很懂。他們都想把自己的觀念灌輸給你，都想占用你的耳朵幾秒鐘，甚至有些人會擺出「坐下，小屁孩，你聽我的就對了！」的姿態，用更強硬的態度教訓你。

現在我也來了，成為另一道在你耳邊的聲音。這樣我和其他人有什麼不同？

不同的是，我知道我不只是自以為是，更曾經是待過「那裡」的人。

「那裡」是哪裡？有可能是高中、大學或是你正準備展開新秀賽季的聯盟，也就是你當下所在的處境和你想要達到的境界。我曾經是個在車道上練習壓哨球的孩子，也曾經是個在滿場觀眾面前投進致勝一擊的球員，而這兩個

身分對我來說都是不久之前的經歷。

　　我還記得自己是怎麼愛上打籃球的。在孩提時代使出一記交叉運球晃倒了幾位對手或投進一記遠距離投籃時，我意識到自己有可能和別的孩子不一樣，說不定我有些特別的天賦。我還記得從教練和隊友的眼神中發現我有著與眾不同天分時的感覺，這讓我感受到自己有可能在籃球界打出一片天。我記得我對於成功的渴望，為了追求成功，我心甘情願地離鄉背井。你應該知道那種被身旁的人一而再、再而三地盤問各種問題的心情，我以前也是過來人。他們會問你關於作業、未來有什麼計畫、運動家精神、如何當個領導者、如何避免交友不慎、該怎麼努力、穿衣風格和聽什麼音樂，以及各式各樣青少年運動員們早就被問得煩到不能再煩的問題。

　　我從小就開始打棒球和籃球，一直以來都在同儕間鶴立雞群，大概從四年級開始，我的人生就幾乎離不開籃球了。我曾經在中學時期獲選為德州年度最佳球員與入選全美明星隊，隨後獲得了多支大學球隊的招募。

　　我去過「那裡」，也就是我猜你可能會想去的地方，就算是你最難以想像的目的地，我也抵達過。我曾聽過成千上萬的人同時吶喊著我的名字，也曾在外國的街道上被人群團團圍住。我曾在球員通道中跑向球場、迎接季後賽第

七戰，更在數場第七戰中贏得過勝利，並看著五彩繽紛的彩帶從屋頂上拋下。我打籃球的時間實在太長了，長到我足以看見自己的退休球衣永遠地被懸掛在屋頂之上。

我也避免了很多運動員陷入過的麻煩，學到許多有關比賽與生活的知識，明白心碎與心痛的滋味。我成功地成為一名職業球員，並在我一生職志的舞台上攀登到巔峰過……只是幫助我抵達最高境界的身體卻背叛了我，讓我在突然之間失去一切。二〇一六年，血栓意外讓我再也不能繫上鞋帶、打任何一場NBA比賽了。

我就跟因為臀部傷勢而終結美式足球生涯的博·傑克森（Bo Jackson）、患上克隆氏症而早早退役的達胡安·瓦格納（Dajuan Wagner）、新秀球季開始前就在一場嚴重的摩托車車禍中受重傷的傑·威廉斯（Jay Williams），以及千千萬萬位你未聞其名的運動選手一樣，職業生涯在達到鼎盛之前便因為各種疑難雜症戛然而止。我和他們的競技人生都無緣以沉浸在香檳之下、為贏得冠軍喝采或甚至是淚灑球場的方式結束，我的選手生命於某天下午在醫生的辦公室中宣告落幕。在忍受著病痛的哀鳴、看醫生、等待一連串緩慢的檢測結果出爐與律師們透過電子郵件爭辯合約條款的過程中，我的籃球之旅就這麼譜下了終曲。

行文至此，我的內心仍然有一部分希望自己還能和隊

友們踏上球場、一同追逐總冠軍戒。但父親總是告訴我，上帝為你關了一扇門的同時，也會幫你打開一扇窗。我們在這裡的交流對我來說就是一扇窗，讓我得以從另一個角度探索並回饋這項惠我良多的運動。

相信我，我知道你現在可能聽不進他人的意見，但如果你能騰出空間給另一個聲音，也就是我說的話，那我想我可以幫助你達到你想去的地方。

我與很多教練共事過，也有幸曾在艾瑞克·史波斯特拉（Eirc Spoelstra）、K教練（Coach K，Mike Krzyzewski）、派特·萊里、麥克·丹安東尼（Mike D'Antoni）這幾位最優秀的教練麾下效力。曾有教練在比賽甚至是生命中的關鍵時刻把我拉到一旁，說出了正好是我當下最需要聽到的話。我也曾遇過一些非常糟糕的教練，除了叫大家「把聲音喊出來」和「給對手好看」之外，就沒有其他鼓勵球員的招數了。許多人對著我尖叫過。有一天，我試著算了一下，一場NBA比賽的平均上座率約為一萬八千人，而我的NBA生涯總共打了九百八十二場比賽。因此加起來總共大約有一千七百萬來過現場的球迷對著我尖叫，更不用說我還沒把在電視機前為我而高呼的數百萬名球迷算進去。

重點是，我知道哪些話跟噪音沒兩樣，所以我不會跟你說那些廢話。

有太多利弊得失需要權衡輕重。

看，你正站在人生的十字路口前方，只能從兩條路之中二擇一。我想確保你選到正確的那條路，幫助你激發出全力和所有的潛能，讓你不管選擇踏上哪個舞台都能發揮得淋漓盡致。不管你是在球隊練習後獨自留在體育館好幾個小時加強投籃，還是在為了預修課程的考試進行考前衝刺，我都可以幫助你表現出自己最好的一面。

回首當年，每當我想到自己很可能因為誤信他人意見而做出錯誤決定，都不禁心有餘悸。不管是在我十五歲、十六歲、十七歲還是二十七歲的時候，都可能因為走錯一步就鑄成永遠無法挽回的大錯。只要有片刻縱容魔鬼搭上我的肩，我的生活、我的事業就可能往完全不同的方向前進。我在職業籃壇的歲月、一枚奧運金牌、兩枚NBA冠軍戒……原本屬於我的未來很可能突然因此被抹殺。更糟糕的是，就跟許多有天分但迷失了的孩子們一樣，有許多我沒寫出來的問題很可能因為走錯路而永遠沒有答案。我會有孩子嗎？我會激盪出這些創意嗎？我還能活在這世界上嗎？我很幸運，也希望你有一樣的好運。

我的其中一個幸運時刻發生在一次對話之中，這段記憶對我來說宛如昨日發生般清晰。當時還是中學生的我待在體育館，我總是泡在體育館，因為我喜歡那裡。而我的

教練湯瑪斯·希爾（Thomas Hill）問了我一些孩子們通常不會被問到、但他們很需要思考的問題。

教練總是帶著我進行訓練。我們有時會練習為了讓你得到跳勾空間的前置步法，這是在籃球這項運動中最簡單且最具破壞性的背框動作之一。人們總是說，你在練習時表現得如何，在球場上就會打出什麼樣的表現。為了讓跳勾這類低位動作發揮效果，你必須展現強勢以確保自己取得空間，踩穩腳步並盡可能伸長手臂，才有機會輕鬆地拿下兩分。我們有時也會練習界外發球，他會擋在我面前，試著對我施加壓力。不管那天我練了什麼，我想我一定表現得很好，因為希爾突然暫停了訓練，直視著我的雙眼問我：「克里斯，學到這些技術後你想做什麼？」

老兄，我想做什麼？我心裡想，我不是正在把這些學到的球技實踐在球場上嗎？難道你沒看見我正在打籃球？

我舌頭打結、一時語塞，想著他是不是想聽我說希望能藉由這次訓練或者打籃球達到什麼目標。於是我解釋，我希望能贏得州冠軍、獲得大學的獎學金。當然，這是每個教練都想聽的，但是他想的遠比這兩個目標更加宏觀，並超越了球賽本身的範疇。他告訴我，他談的不只是籃球，希望我也想遠一點，思考我在這一生中想做些什麼？想成為什麼樣的人？籃球能如何幫助我達成這些目標？我

的天份能幫助我達到什麼樣的成就？如果我從一開始就把全力投入在追求我的目標上，又會到達何種境界？

不管你擁有哪些天賦，有些問題都是你一定要思考的：你想把這些天賦投入在什麼領域之中？你的目標在哪裡？你要如何藉由你的天賦到達你的目標所在之處？

這次對話改變了我的人生，我寫這本書的其中一個很重要的原因是，我也想問你一樣的問題。不管你的答案是什麼，我都希望你誠實以對，對此我會給你一些真誠的建議，探討我認為你該做什麼才能實現目標。我希望我的話不會成為你耳邊的另一道雜音，而是有分量的金玉良言。有些人的話幫助我發揮出我的才能，也有些話幫助我在職業生涯突然畫下休止符時平靜下來，我希望我的話會產生一樣的效果。不論是在休息室、體育館、前往客場比賽的公車上還是在比賽第四節的板凳席，都有可能發生一段教練與孩子們之間的深刻交流，而我希望我的話也跟它們一樣發人深省。偉大的約翰・伍登（John Wooden）教練曾經說：「你是一個怎麼樣的人，遠比你是一名怎麼樣的球員重要得多。」而我很幸運，能與許多將這句話奉為圭臬的教練、心靈導師與隊友們作伴。

你應該會注意到這本書命名為《你的人生，為誰而戰：NBA名人堂成員波許寫給人生的十二封生命指引》。我

把它當成寄給你的信在寫。我的靈感是來自於《致一位年輕詩人的信》（*Letters to a Young Poet*）、《致一位年輕爵士樂手的信》（*Letters to a Young Jazz Musician*）等幾本我最喜歡的書。這看起來很不像籃球選手會讀的書，但只要是能讓我學到東西的人事物，我都樂於向他們求教。我希望我能將這種熱情分享給你。我在一生中習得了一些歷久不衰的智慧，我也希望能將它們傳承給你。詩人里爾克（Rainer Maria Rilke）教會了我一件事：所謂的智慧即接受自己無法立刻解決所有問題的現狀，而且有些問題即使解決不了也無所謂。「試著去愛這些問題本身，把它們當成鎖上的房間或以艱澀外語寫成的書。」在《致一位年輕詩人的信》中他如此寫道，「不用強求你現在無法得知的答案，因為就算你知道答案了，那個答案也可能是你在生活中無法達成的事。重要的是，去親身體驗生命中的一切事物，所以現在就去體驗這些問題吧。或許在不經意間，在遙遠未來的某一天，你會在生命的出路中找到答案。」

你不必急著馬上知道自己該用這些被上天賦予的才能做什麼、何處是自己的極限，或是要在哪裡才能獲得你在漫長職業生涯中不可或缺的專長。活在當下，保持你對比賽不離不棄的熱情，然後你就能在生命的道路中活出答案。

沒有任何地圖能夠指引你到達你的目標，但里爾克建議，不管在前進的途中遇到什麼事，接受它就對了，而我努力地將這番話牢記在心。對身為運動選手的我而言，這代表我在球場上的表現或在球場上所做的一切都不只是達到目標的手段。當然，你會苦練是因為你想贏得比賽，你想獲勝是因為你想得到勝利帶來的獎盃、驕傲與金錢等美好事物。但如果你沒有慢下腳步、把握當下並用心做你正在做的事，也就是說如果你沒有騰出體驗比賽的空間，你就會錯過一些東西，而且是錯過最重要的事物。

　　而真正特別的是，你不需要在成為職業選手後才能體驗到這樣的時刻，從打球的孩子們身上更能學到如何在比賽中找到真正的樂趣。無論我們選擇投身到哪個賽場上，無論我們擁有什麼樣的天賦，無論我們希望透過比賽到達什麼樣的境界，我們都一樣能停下腳步、享受當下。正如你將在接下來幾封信中所看到的那樣，這幫助我度過了許多艱難的時期。我期許你在未來回顧上場比賽的日子時，也能說出一樣的話。

當你實在累到不行

When You Ain't Nothing but Tired

你累了嗎？

歡迎加入我們的行列。

我有時候覺得在運動員生活中最常體會到的滋味不是勝利，也不是激情，更不是你怎麼投怎麼進、那種不可思議的心流狀態，而是筋疲力盡。你感受到的只有累，而且是不斷感受到那種從頭到腳都動彈不得的疲倦。

你會因為訓練、比賽、研究影片、上課、工作甚至任何事而感到疲憊，並因此對任何事都提不起勁。

或許在你還沒完成比賽、職業生涯甚至人生的上半場的時候，就已經覺得累了。疲憊的浪潮可不會挑時間，一

且它朝你襲來，便有如美式足球傳奇跑衛馬肖恩·林奇（Marshawn Lynch）想穿越中鋒與護鋒之間的空隙一般勢不可擋。但由於比賽還沒結束，因此你必須無所不用其極地找出最後一點決心、榨出最後一絲體力以承受這波疲憊感並度過難關。

把「百分之一百一十」投入在球場、田徑場和重訓室上，教練已經跟你說過多少次這種話了？嗯，從數學上來看這是不可能的。就像有時候要激盪出額外的心力一樣，這也看似是不可能的任務。但接下來，不知何故，你做到了。

你知道在這些化不可能為可能的人之中，最令我覺得不可思議的是誰嗎？是坎迪斯·帕克（Candace Parker），在WNBA（美國國家女子籃球協會）贏得冠軍、效力於洛杉磯火花隊（Los Angeles Sparks）的大前鋒。在她展開職業生涯的二〇〇八到〇九這兩年間，她的行程和表現讓我覺得自己這段時間都在打混摸魚。她先是帶領田納西大學志願者隊（Tennessee Volunteers）完成NCAA（美國國家大學體育協會）錦標賽二連霸，並連續兩年榮獲最傑出球員獎。隔天，她在WNBA選秀會以第一順位被火花隊選上。第二天，她就飛往洛杉磯參加新聞發布會，六個星期後，她便上場打了生涯第一場職業比賽。接著過了兩個月，那

個球季因應奧運的舉辦在季中短暫暫停，但她馬不停蹄地代表美國女子奧運隊遠征北京並贏回一面金牌。搞定這些事後，她回歸火花隊戰線，並在球季結束時贏得年度最佳新秀與最有價值球員。更驚人的還在後頭，她本來打算馬上去海外的聯賽打球，但她最終沒有成行，因為她結了婚還生了一個女兒，而且只因此錯過下個WNBA球季的前八場比賽。

「其實只不過是事情來了就繼續做下去而已。」她告訴我，「身為一名女子籃球選手真的沒有空閒停留在路邊聞聞玫瑰是什麼味道，因為我們必須不停地努力、努力再努力。」

你可以從她的言談中感受到她下了多少苦功，可以聽出她的身體承受著多少痠痛，能夠體會她的關節因摩擦而吱吱作響，以及為了進行冰浴冷療把身體浸入寒冰之中時承受的酷寒。就連她想要花時間進行冷療以保養身體，都還得從進行客場之旅、在下個球季遠征海外與照顧孩子的滿檔行程之間挪出空檔才行。這就是職業選手簽下合約後的生活，不管是哪項運動都一樣。坎迪斯在這種瘋狂的行程中連續打了七年的籃球，精神上的疲勞最令她難以招架。「在比賽前調整好心態後，想到接下來還有更多籃球行程在等著你是最難熬的事。」她說。

每當我回想高中時代，最先想到的感覺是恐懼。我記得我真的怕死練球了，真的很辛苦，練得有夠累。一年級時，我們有個教練叫羅伯特・艾倫（Robert Allen），有時我覺得自己彷彿還能聽見他一邊吹哨、一邊說著「嘿，我們要加強體能訓練！」的聲音。老兄，每次聽到這句話，我的心就會涼到谷底。因為我知道這代表我必須跑起來，就算超越了體能極限還是得繼續衝刺，跑到不知道要從哪裡擠出最後一點體力才能繼續跑下去。我總會因此渾身痠痛，卻不得不一次又一次地想辦法通過考驗，因為要是我跑得不夠快，會有更慘烈的後果。

　　當時我們都累得快死掉了，真不知道我們是哪裡來的力氣完成訓練的？ 或許是因為我們知道其他球隊也這麼努力著，如果我們放棄，對手就會在球場上狠狠地教訓我們。可以說我的隊友們和我都在試圖戰勝輸球的恐懼。如果以正確的角度來看，這是一種居安思危的恐懼，只是在那個年紀很難做到這點。

　　在一次又一次進行四點折返跑訓練時，你會累得大口吸氣、又喘又渴。如果你搞砸了，就得跑操場跑好幾圈。這種時候你只想調整一下呼吸，休息片刻。兩分鐘、一分鐘，該死，十五秒也好。然而你也清楚沒有這麼好的事，永遠沒有。

因為就像坎迪斯所說的，這件事做完後還有下一個任務。你只能努力、努力再努力。

　　艾倫教練想累垮我們，至少我當時的感覺是這樣。他也試著教會我們要從哪裡挖掘出額外的體力來源。以更專業的說法來說，他在幫助我們訓練身體，讓我們每一次呼吸都能吸收到更多氧氣。自古以來，短跑被運動員當作訓練的一部分是其來有自：包括籃球在內，大多數體育競技項目都需要運動員在短暫間隔開來的一段時間內進行全力的劇烈運動。例如在球從底線發進場內後，你就要衝到另一端的半場才能開始進攻，假如沒投進，又要衝回來防守，如果運氣好的話，可能會有人被吹犯規，讓你得到休息的空檔。籃球比賽就是在四十八分鐘內一次又一次地重複這樣的模式。有時它會以每二十四秒一次的規律反覆循環，如果你對上的是丹安東尼領軍、要求每個進攻回合都要在「七秒以內」（seven seconds or less）完成的鳳凰城太陽，那就根本算不出來這個攻過來、守回去的迴圈到底重複幾次了。短距離衝刺訓練基本上也是一樣的概念，會把人的體力從頭到尾榨乾。如果你想表現得更好，不二法門就是練習、練習再練習。

　　教練希望我們能夠在筋疲力盡的情況下也能表現得更好，就跟每一項運動賽事中的選手一樣，在體能耗盡的時

候也能緊緊抓住繼續奮戰的希望。

在這本書的一開始，我將告訴你一些我堅信不移的事：一個運動員在筋疲力竭時的表現會全盤托出他們是個怎麼樣的競爭對手。成功的運動員根本不會在乎用盡體力的問題，因為他們早就已經習慣了，只會想著要怎麼好好表現而已。

事實上，身為一名運動員的真正意義或許就是忍受並超越你感受到的極限，就跟「The Boss」唱過的歌詞有異曲同工之妙，你「只覺得累到不行」。

在我剛開始效力多倫多暴龍的前幾年，當隊友站上罰球線，而我們其他人在禁區兩端等著他投出第二顆罰球時，我開始聽到敵隊球員以各種不同方式問我同一個問題。

「你等等想跟我硬碰硬嗎？」

「嘿，你會硬搶嗎？」

起初我聽不懂他們在說什麼，這聽起來很像是冰球球員在脫下手套準備幹架前會講的話。[1] 我看了看這些人，他們通常站在離籃框最近的地方，彎下腰扯著自己的褲腳，試圖在教練與攝影機前遮掩自己已經疲憊不堪的真相。

1　　譯註：冰球運動默許球員打架，這是一項存在多年的傳統。不過明文規定在開打之前要脫下包含手套在內的所有護具，必須赤手空拳對決。

然後我懂了。

他們想知道，如果我的隊友沒投進，我會不會全力拚搶這顆籃板？他們想跟我建立口頭默契。若是罰球者在第二罰失手，位置比較好的防守方通常比較有機會抓下籃板，所以對手希望我不要讓他們為了鞏固這顆籃板球浪費力氣。反正結果可能也不會因為我賣力爭搶而有什麼差別，所以如果我同意他們的提議，彼此都更省事一點。只要我們達成共識，就不用白費力氣進行毫無意義的跳躍，也不會惹教練生氣。

這就像是在NBA打球的兄弟間會有的江湖道義。就像兩位重量級拳擊手打到第八回合，也可能會趁著扭抱在一起時，默默地達成協議並珍惜這幾秒鐘的休息時間。我有淌這灘混水嗎？我有。有些球員可能會宣稱他們沒有參與過這樣的行為，但其實我們都有做過，而我真心希望當你們聽到這段話時會對這種行為心生一些抗拒。

不管你在任何情況下、出於任何原因而決定不全力以赴，都是在欺騙自己，也是在欺騙比賽。不過隨著我又在職籃打了更多年後，有時我也會像個很想喝水的沙漠行者，想緊抓著休息的機會。我感受到了坎迪斯提到的精神疲勞，有時候我也因此妥協過。不管是哪個內線長人、哪位球員都有過這種妥協的時候，只是方法不同而已。

就連我在妥協的當下，我都憎恨這個放棄機會、放棄這顆籃板球的想法，尤其是在那個瞬間更是如此。我恨它，而我現在對此更加深惡痛絕。如果你想要邁向偉大，那你也必須討厭它。

　　你覺得科比·布萊恩（Kobe Bryant）會突然告訴你「老兄，我的身體狀況真的超棒，可能一個晚上攻下三十分都不會累」這種話嗎？不可能。想要達成這個目標，你必須在疲憊的時候永不放棄、堅持下去。這就是籃球比賽諷刺的地方，你必須從刻苦的磨難中倖存下來，才能夠在艱苦的考驗中游刃有餘。

　　我在職業生涯中時常從體育館裡最好的位置，也就是在與他們交手的球場上，看著科比、瑞普·漢米爾頓（Rip Hamilton）和提姆·鄧肯（Tim Duncan）在第四節的尾聲找到額外的動力。科比會透過高位擋拆讓防守者錯位後把我抓出來玩弄；鄧肯則會用他壯碩的屁股頂住我的腹部並把我往後推，接著在我意想不到時做好翻身打板跳投的準備。我還記得自己在第四節時明白自己跟不上他的步伐、沒有做足準備的挫折與痛苦。我的確被教訓了一頓，然而他們在這幾個修理我的夜晚也是在教育我。他們讓我知道，想要成為優秀的球員還得更上一層樓。

　　我想解鎖那個層級，想和他們以一樣的方式打球，也

想獲得在最後關頭主宰比賽的能力。在我成長的過程中常常聽到一句話是這麼說的：你不對自己殘忍一點，就等著別人來對你殘忍。

　　當然，嘴巴上說說練習有多重要，並在對方講這些大道理時點頭稱是很容易。但是當你在德州的夏日要一天練兩次球，而且即使如此可能還是爭取不到上場時間的時候；當你是在對手快攻時唯一回防的人，而且根本無計可施的時候；當球季打了七十場比賽，而且因為球隊早已與季後賽無緣或是鎖定季後賽席次，你知道還有一整個月無關緊要的比賽要打，但你只想保存體力的時候；當你身旁跟你卡位的對手問你會不會賣力跟他搶這顆籃板的時候，是否要全力以赴或是努力練習就成為了大哉問。我還記得自己在多倫多效力展開新秀球季的情形：我們沒打進季後賽，而且我在職業生涯的第一個球季就受傷了。但是我依然堅持戴上兩個護膝並在每個夜晚拚戰三十五或四十分鐘，而我為此感到自豪。

　　要熬過這些艱難的時刻很不容易，但我一直相信，你會怎麼做一件事就會用什麼樣的態度做每件事。如果你在人生中的某個時段或比賽中找藉口或抄捷徑，很可能也會在別的場合這麼做；如果你會因為一顆籃板無關緊要而選擇放棄，那在關鍵時刻也很難會有一定要把籃板搶下來的

意志；如果你會在自以為沒人注意到時，在某個攻守回合中鬆懈，那在每個人都以一百英里的時速在場上奔馳、對手都和你一樣渴望搶下那顆籃板球的季後賽中，你要從哪裡生出繼續前進的力量？

我很欽佩大衛・戈金斯（David Goggins）這位前海豹突擊隊員，他現在在跑超級馬拉松，一項二十四小時內要跑完一百三十五英里的競賽。怎麼會有這種能跑一整天都不休息的人？大衛說，最重要的是不要相信你有極限。當你覺得自己已經到達極限時，其實你只發揮了百分之四十的能力。你的內心會說你的身體需要停下來休息，但它其實在騙你，你能堅持下去的體力遠遠不止於此。只要你明白這一點，就能從中獲得力量。現在想像一下這個情境，有位汽車維修技師告訴你，你的汽車油表上油量警示燈壞了，就算它亮了，車上的油也還足以再開兩百英里。如果發生這樣的狀況，在把警示燈修好之前，你都不用再理會它。好，我可以用我的經驗告訴你，你心理上感覺到的極限就像是那個壞掉的警示燈，你可以放心地忽略它。唯一的差別是，任何一位維修技師都沒辦法把它修好，在你體內的油箱還有著足以跑兩百英里的汽油時，它還是照亮不誤，所以儘管踩油門就對了。

無論是少棒聯盟的大賽、爭奪接力隊出賽棒次的挑戰

賽或是在進攻時間只剩幾秒時場上出現了活球，你必須知道，當你感到疲憊不堪而且內心告訴你已經沒有體力的時候，這都是在欺騙你。因為它真的是在騙你，你有表現得更好的能耐。大家都有。或許偉大與平庸的運動選手之間最大的差別，就是他們有沒有學會不要相信腦海裡故障的油量警示燈。

這就是為什麼你在來到體育館練習時要多推自己一把，而且你不只要推動自己的身體，也要推動自己的內心。這個過程會教導你了解自己的油量警示燈何時亮起，又該在何時忽視它。我還記得我第一次練習一英里長跑的情形。整個練跑過程中，我的肩膀上彷彿站著個「小人」，不斷說我根本辦不到、告訴我在跑完一英里前就會把自己累垮。而在我成功跑完後，我心裡想著，該死，我戰勝了那個聲音，我戰勝得了它，接下來我還能挑戰什麼？如果你在練習時多推自己一把，那麼你每天都會有類似的想法。你不只是帶領你的心肺跟上你的腳步，也引領著自己戰勝腦海裡的雜音。

不管是為了求勝還是成就任何有價值的事物，都得從內心深處獲得平常難以企及的元素或能量。這是真的，我在整個職業生涯中常常見到這樣的情形。

我在二〇一三年總冠軍賽第六戰中傳給雷‧艾倫投進

追平外線的那一球，是我熱火生涯的關鍵時刻之一。也許你跟不少人都曾在電視上看過這球。人們大多會注意到我拚盡全力搶下那記籃板，然後雷投進那球的畫面，卻很容易忽略這番拚勁背後的故事。

這是我在那個球季的第九十六場比賽，也是我們在這個系列賽中和馬刺打的第六場比賽，而我們在這之前的上一輪與溜馬打滿了七場。一場比賽要打四十八分鐘，我在第四十八分鐘跳起來抓下這記籃板，於是這場比賽便進入了延長賽。接下來我知道，我還必須再挺身而出，與史上最偉大的大前鋒提姆·鄧肯進行跳球。

我不知道自己能不能讓你明白打了九十六場NBA比賽、與另一支一樣拚命的鬥士們組成的球隊交手後有多累。想想你過去最疲憊的經歷，把它乘上二十倍左右，大概就有那麼累。

請記住，這時可沒有人會鬆懈。沒有人會在攸關系列賽勝負，而且冠軍就在眼前的時刻還跟你講兄弟間的江湖規矩。在這個最高層級的賽場，每個人都以一百英里的時速狂飆，而在同一時刻，每個人的心裡也都很想停下腳步休息一下。在羅素·威斯布魯克抓下了籃板，既像獵豹又似水牛般地朝你衝來的時候，你的身體會對衝撞的疼痛產生反應，然而此時你的內心必須不假思索地無視它。因為

如果你開始有意識地思考，你就會了解自己在做的事有多麼瘋狂。

　　雷在提到第六戰結局時所說的話一直讓我印象深刻：想想看，要是我們在練習時投入的心力和在關鍵時刻剩下的體力都少了一點、平常輕鬆打球的情形多了一點，「因此與冠軍失之交臂的話，對我們而言會是多大的恥辱。」但現實情況正好相反，我們投入了努力，並因此湊齊了投進這顆三分球所需要的要素。那個生死關頭就是雷所說的「熟悉的領域」。我們知道如何在體力耗盡時打球，所以即使在重要的比賽耗盡體力，我們也有辦法應戰。尤其是雷，他知道在球場上的那個位置、在這樣的場面、在一萬八千人面前投進致勝球是什麼感覺，因為他已經反覆再三地練習並模擬過了。即使是很累的時候，他也會練。練過一次後，還會繼續再練。因此他整個身體都對這樣的時刻駕輕就熟，真的。他的腳尖知道三分線在哪、腳跟知道邊線的位置、四頭肌和小腿後肌知道要讓他跳得多高、雙手知道要觸碰球上的哪個區塊、手肘知道要如何擺出投籃準備動作。這些工作，他們做過不下數十萬次。

　　也許你曾在電視上看過像這場第六戰的比賽。不管是慶祝的勝利者還是回休息室沖澡的敗北者，你在最後會看到每個人都汗流浹背。接著或許你會想像，畢竟這些人都

是職業選手，所以他們的身體最終都會沒什麼大礙。或許他們看起來有點喘，但也沒有那麼疲憊不堪吧，對不對？

才不是這樣。你在場上看到的每個人都受傷了，也都身處於痛苦之中。我們在這場比賽戰勝提姆·鄧肯後，得到的獎勵是過幾天要打第七戰，而且這場比賽鐵定比我們剛打完的比賽更難打。

我還記得我們的球隊總裁派特·萊里喜歡說的一句話。「探進你的靈魂深處，看看有什麼在那裡。」這麼說吧，在那個系列賽，我們這隊在靈魂深處找到了些什麼。

做再多努力都沒辦法讓你長高，也沒辦法讓你的手變大。你可以努力加快你的反應時間、精進你的反應能力，但某種程度而言，它們也是與生俱來、無法改變的本能。那麼拚勁、奉獻精神和學著無視壞掉的油量警示燈呢？這就取決於你了，這是你可以決定的事。

努力與砥礪身心無關乎天賦。就算你沒有天分，也可以成為一個強健的運動選手或有修養的人。鍛鍊身體根本不需要任何天賦或運動能力。我看過很多人在自己身上下了很多苦功，只為獲得比對手或跟互相爭取一席之地的隊友更好的體格。他們是靠著拚勁與訓練才能在地板上搶到球、在半空中抓下進攻籃板、爭取到站上球場的出賽機會，而不是靠天賦。J.J.瑞迪克（J.J. Redick）是個不可思議

的射手，而他能在聯盟中生存超過十五年是因為他在半場進攻時永無止盡地奔跑著。他會說，他的運動能力比百分之九十五的NBA球員都來得差，但在得到出手空檔、能夠以他確實擁有的投籃天賦接管比賽之前，他會不停地在各種繞過或穿過掩護的路徑上奔跑。有時候比賽的勝負就是這麼回事，有時候它就像是一場馬拉松或是無拳套拳擊賽，由最後一個站立著的人或是最後一個還動得起來的人贏得勝利。

在我剛加入NBA的時期，丹尼斯・羅德曼（Dennis Rodman）、史考提・皮朋（Scottie Pippen）與班・華勒斯（Ben Wallace）是聯盟中最強悍的幾位球員，並以防守和搶籃板聞名。想知道他們過去在哪些大學打球嗎？答案分別是東南奧克拉荷馬州大（Southeastern Oklahoma State）、中阿肯色大學（Central Arkansas）與維吉尼亞聯合大學（Virginia Union）。他們沒有足以吸引NCAA一級強權名校給予獎學金的「天份」，他們只有拚勁、韌性和經歷千錘百鍊的身體。而你知道他們還有哪些共通點嗎？他們都在NBA打了十五年以上，而且也是一共贏得十二枚冠軍戒的冠軍球員。

至於我呢？我去了喬治亞理工大學（Georgia Tech）。這是間好學校，但你知道的，它並不是杜克大學（Duke）

或肯塔基大學（Kentucky）之類的名校。這條路沒那麼風光，但我對它充滿信心，因為我知道自己是個苦幹實幹的人。

如果你在跑了六十分鐘後還能保有在比賽尾聲防守的體力，再來跟我討論籃球。相反地，如果你整個夏天只顧著練運球和投籃，但是身材走樣，那你唯一可以參與討論的地方就是你拍來炫耀自己運球多麼華麗的YouTube影片留言區。在你很累的時候，這些花招在實戰中根本毫無用處，你大可將它們棄如敝屣。

我希望這番話不會讓人覺得是一個自然而然就習慣練習的人在大放厥詞，就像是一個天生就習慣早起的人說：「喔，早一點起床就好啦！」正如我之前所言，培養耐力是件很困難的事。我幾乎從未說過「嘿，夥伴們，我等不及要做那些衝刺練習了」這種話。老實說，我恨透了跑步，對此厭煩至極。所以我很害怕，我怕那種筋疲力盡、喘不過氣、肌肉像是燒起來的感覺，我害怕被隊友超越，也害怕因為落後而被教練點名訓斥。我真的很討厭練習，因為我知道這些感受無從迴避。

然而我還是一直在訓練。我接受了它，而且也因為如此幫助我變得更好。你懂我的意思嗎？它真的、真的幫助

我進步了。我對自己說，這是我必須克服的課題。因為有時候要熬過下一次和下下次衝刺，你需要的就是自我激勵的幾句話而已。即使雙腿承受著被燒灼般的痛苦也得繼續在場上衝刺，這就是籃球選手的工作之一。你的腿、你的胸都會像有火在燒，而你必須習慣它，也必須習慣這種突破極限的感覺。

在休賽季期間，我和我的訓練師肯·羅伯森（Ken Roberson）一起跑了好幾英里。除了我之外，還有賴瑞·強森（Larry Johnson）、柯特·湯瑪斯（Kurt Thomas）、拉馬克斯·阿德雷奇（LaMarcus Aldridge）等達拉斯出身的球員在接受他的訓練。我們日復一日地跑了一英里又一英里，而且每英里都要在六分鐘之內跑完。它教會了我們一件事，就是要從這番疲憊感中撐過去。「拜託你停下來，一秒鐘就好了，拜託！」你內心的惡魔、那個在你腦海裡輕聲細語的小壞蛋會不斷要你停下、懇求你休息，而你要做的就是持續與它戰鬥。

然而你會發現自己漸漸習慣了這種感覺，習慣自己的小腿肌在燃燒，習慣在跑第二或第三圈時聽到惡魔的低語並叫他安靜。因為痛苦是一時的，冠軍卻是一世的。

你必須找出愛上它們的方法，愛上這些衝刺、數英里

的長跑、重量訓練以及為了比賽而做的準備。不管你是假裝喜歡，還是騙自己愛它們都好，用盡各種手段愛上它們就對了。有些人會說「這太痛苦了，我放棄」，也有些人說「這太痛苦了，再讓我辛苦一點」，而這兩者之間的差別就成了王者與敗者之間的差距。或許正如穆罕默德‧阿里（Muhammad Ali）所言：「我討厭訓練的每一分鐘，但我告訴自己：『苦過現在，就能在日後過上冠軍的人生。』」

痛苦是一時的，榮耀是一世的。如果你想要出人頭地，就必須習慣吃苦，必須習慣受累。我無法向你保證這是種舒服的感受，但我能向你保證，你會熟悉這種感覺，並足以讓你在精益求精的道路上探索心靈與肉體的領域，而不必擔心自己會在壓力下崩潰。

你無法把這種痛苦與疲憊感轉換成另一種感覺，但你可以學習一邊說「噢，我記得你，我知道會發生什麼事」，一邊接受它們。

如此一來，你在第四節的最後幾分鐘滿身大汗、氣喘吁吁並心跳加速的時候，便不會驚慌失措，因為你可以告訴自己：「我有過這種感覺。」你會希望自己有說「這我能搞定」的餘力，並能夠專注在比賽上，而不是被肌肉要燒起來的感覺搞得心煩意亂。

就是這裡，你在自己耐力的極限會明白真正的自己是怎麼樣的人。在比賽裡，你的努力會得到回報，而這個道理不只在比賽時行得通，更是放諸四海而皆準。當你在訓練中跑著四點折返跑的時候，只要教練一聲令下就可以結束。但是在比賽時，你得在比賽結束並分出勝負之後才能停下腳步。你有多大機率成為勝利者，取決於你自己，取決於你有多常推自己一把。

這在人生中也是一樣的道理。人生中的重大考驗可不會挑你養精蓄銳且準備萬全的時候才出現，它會在任何時刻朝你襲來，例如在你失去工作、在對你而言很重要的任務上失敗，或是你所愛的人們生了重病的時候（等你有小孩就知道了）。在考驗中崩潰的人與度過難關、更堅強且更有智慧的人之間的區別，在於即使你已經筋疲力盡、身處在不公平的條件下或想縮在自家某個角落的時候，有沒有再咬緊牙關撐下去的動力。陷入難關時，你的大腦可能會說你已經到極限了，但請記住：它在騙你。

是啊，很累，我感同身受，真的。我幾乎可以感覺得到你在打瞌睡，因為你可能是在寫完回家作業、完成家務並在重訓室裡訓練度過這漫長的一天後，才有空在球隊巴士上或房間裡閱讀這段文字。

我感覺得出來。

但你知道我會說什麼嗎？我會說這樣很棒。

因為你正在鍛鍊你的肌肉，心靈也變得更強韌，你會越來越熟悉這種大多數人無法忍受的不適感。你正培養著面對關鍵時刻、迎接比賽中或生命中重要挑戰時不可或缺的力量，也正在培養出最優秀的心態，那就是不只是繼續努力，而是自己想要繼續拚的心。

當你隔著球與對手四目相接時，他們在你的眼中只會看見你依然能挺起腰桿，看見你依然還留存著不可思議的餘力。記住，對方其實也累斃了，當他們看著你的眼睛、看見你當下已經準備好再廝殺一回合的那一刻，他們的求勝意志便會土崩瓦解，對手所有殘存的意志力會在球場上被抹除得乾乾淨淨。

我知道這看起來是很久以後的事，因為現在你只感覺得到累而已。你可能還有很多場比賽要打，也可能還要投入很多心力和時間才能從傷病中浴火重生，也可能你的GPA或SAT成績還要進步很多才上得了大學。

太多事要忙了，讓你累得要死，簡直像在地獄一樣。

我懂。但你知道有句話是怎麼說的嗎？如果你身處地獄之中，那就繼續前進吧！

這就是你現階段要做的事，你必須繼續前進。並且要知道，最終你會得到一個更強大、更堅忍不拔、更難以擊敗的自己。

你必須知道自己為何而戰

（而且要有名聲與財富之外的答案）
You Have to Find Your Why (and It Can't Be Fame or Money)

　　我跟你們提過那個在高中時把我拉到一邊，問我「克里斯，你學到這些技術後要做什麼？」的教練。

　　這是個好問題，也幫助我的生活走上正軌。我這麼做是為了什麼？我能否在下一場比賽、下個球季超越過去的自己，並深入思考我希望籃球在我的生命中扮演什麼樣的角色？我真的有辦法不只看當下在比賽中的努力，而是看向更遠的未來，並思考我如此投入的目的是什麼嗎？他想知道這些問題的答案，而這對大多數的教練來說都是想當然耳的事。

我的教練當時可能是這麼問的：克里斯，你做這些事是為了什麼呢？你是為了什麼而訓練？你為了什麼而如此努力？你為什麼致力於成為一名運動選手？而且別只告訴我是「為了贏得州冠軍」，因為你必須想得更遠。

　　我想問你一樣的問題：你做這些是「為了什麼」？

　　你很幸運，無論你把運動當成你真正的職業還是只把它當成一輩子的興趣，你的運動生涯都才正要開始。你還有時間搞清楚自己是為何而做，並將其視為自己的原動力。相信我，沒有什麼比看著一個人在做些連自己都搞不清楚為何而做的事還要悲傷了。他們沒有在過自己的生活、沒有自己的夢想，充其量只是在為別人而活罷了。你還有時間，可以過得更好。

　　所以，你是為何而戰？

　　我這輩子大部分的時間都在打籃球，而你會很驚訝有多少才華洋溢的球員沒辦法回答這個問題。他們可能在球場上看起來叱吒風雲，但在他們的心裡，卻覺得自己是不得已而為之。這樣的人，一直在為了某些人打球。「我爸幫我報名的」、「教練說我會成為一名優秀的大前鋒」、「我覺得這是我的強項，所以我就繼續打下去了」，如此一來，你的整個人生就是為了實現別人幫你安排好的目標或夢想而活，而不是實現自己訂定的夢想。

當教練叫你跑四點折返跑時，你當然要聽從他的指揮。但如果他或她試圖灌輸你這項運動對你而言的意義是什麼，這種話就別聽了，因為你得自己想辦法找到這個答案。

這個答案不只是因為你長得高，不只是因為有人幫你報名，不只是因為有人覺得這是個能讓你發洩精力或讓你放學後有事可做的好方法。這是個很好的開始，但我要你認真想一想自己是在為何而戰。

答案不是你的偶像因為籃球而變得有錢和有名，你要想得更深入一點。

「我會打籃球是因為我想在籃球比賽中獲勝。」

為什麼？

「因為我想贏得冠軍。」

為什麼這對你來說很重要？

「因為屆時人們會尊敬我。」

為什麼這對你來說很重要？

你懂我的意思嗎？在你像連珠炮似地問自己夠多且深入為什麼會投入這項運動的問題同時，你便會從自己之所以在星期六早上七點到體育館訓練的原因背後，明白自己想在這個世界上成為一個怎麼樣的人，明白什麼才是對你而言真正要緊的事物——只要你問得夠深入，就能得到答

案。

賽門·西奈克（Simon Sinek）在《先問，為什麼？》（*Start with Why*）這本書中認為，在許多商業、政治或文化領域中取得重大成就背後的最重要原因都是「搞清楚是為了什麼」。如果你問一家成功公司的負責人他們最主要在賣的東西是什麼，他們不會回答你某個產品，而是會告訴你一個「為什麼」，也就是一種吸引客戶的無形事物。就像蘋果（Apple）賣的不是電腦，而是「不同凡想」（Think different）的概念；西南航空（Southwest）賣的不是機票，而是普通人也能享受旅行和冒險的理念；迪士尼（Disney）不只是在拍電影，更是在講述許多你會渴望能身歷其境的故事。至於我？我不只是在打籃球，而是在盡可能成為最好的自己。我一直在人生中努力兌現自己的潛能，並且直到今天都沒有忘卻自己「為什麼」要打球。

雖然你不是間公司，但你必須想想自己的主要目的是什麼。在所有成功的表象之下，驅使你全力以赴的動力是什麼？

這個動力不是成為職業選手，不是變富有，更不是讓你能推出專屬鞋款。當然，我擁有這些事物，它們也替我增添了很多樂趣，但這樣還不夠。正如我們所討論過的，你踏上的是一段真的充滿千辛萬苦的旅程。即使是彩虹盡

頭的那罐黃金，這種看似能令人在旅程最艱困處繼續前進的美好目標也還不足以幫助你堅持不懈。

成功帶來的回報都不是你「為何而戰」的理由，更像是問自己「該怎麼做」才能成功。它們是幫助你到達目標的工具，但它們不是你的目標。

何謂「為什麼」？你不能只是想想而已，是要知道自己正在充分發揮上天賜予你的才能，是要知道在你將自己的能力發揮到極限的樂趣、成為像機器一般運作順暢的團隊一員的快樂。

對我來說，我的「為什麼」有很大一部分是球鞋與體育館地板摩擦時嘎吱作響的聲音。我就是喜歡這個聲音，還有體育館裡的氣味；我喜歡拉緊肌肉並感受力量蘊藏其中的感覺。我的為什麼，是當你把球傳到你認為隊友應該出現的地方，而他果真就在那裡的這種隊友間的信賴；是當你失落地倒在地板上時拉你一把的那隻手；是球乾淨俐落涮過球網的聲音；是跳球前幾秒鐘熱血澎湃的期待，以及血液在一場勢均力敵的比賽中隨著時間在體內奔騰的感覺。

我清楚地記得我在哈欽斯小學（Hutchins Elementary）讀四年級的那一天，我在我們第一次打正式比賽時非常興奮。我以前當然打過籃球，不過我和朋友們幾乎不曾在這

種有計分板的正式球場打過球。我的心裡有種忍不住驚呼的衝動，原來這就是在打籃球啊！我全心全意地在打這場比賽，而在隔天我們準備繼續上場時，我聽到人們在討論：「嘿，克里斯·波許很強。克里斯·波許很能打。」甚至就連一位老師也注意到了。我在人們的注視之下打球，並展示自己有什麼能耐，我的長處與他人對我的努力所給予的認可和肯定完美結合。幾週後，我開始接觸正規的籃球。隨著消息不脛而走，一位教練找上了我。

從此以後，我就一直在打正式比賽。因為熱愛，也因為我得到了展示自己能力的機會。但就像我所說的，我的為什麼有著比這更深的理由。跟每個孩子一樣，我開始了解自己能走上這條路不是因為專注，而是因為我有能力也有天分。隨著我投入心力兌現這些潛力，我便能做到許多不可思議的事。你在運動、生活與商業的領域中成為什麼樣的人，就是你證明自己的最佳方法。

這就是我的為什麼。昭告天下：這就是我。這是我在獲得上天與父母賜予的天賦後所能達成的成就。我在場上挑戰對手也挑戰我的隊友，敦促他們在我的面前秀出自己的本事。一旦我們攜手共進，就能夠激發出最棒的自己。

二〇一九年，紐奧良聖徒（New Orleans Saints）在該季締造了足以並列隊史第一的戰績。他們的教練肖恩·裴

頓（Sean Payton）想要給球隊一點額外的動力，讓他們能夠以冠軍的姿態越過球季的終點線。在季後賽開始時，他聘請了兩位全副武裝的保全，搬出專門為他特製的二〇一〇年[1]蘭巴迪獎盃（Lombardi Trophy）[2]。他在獎盃裡塞滿十二萬美金（球隊奪冠後每名球員能得到的獎金）的新鈔，並在練習結束後把它帶進休息室裡展示。「想要嗎？」他一邊問，一邊把它掛在房內。「想的話，就再贏三場比賽。」說完這些話後，他便走出門外。

如果這是《挑戰星期天》（Any Given Sunday）[3]裡的劇情，那會看起來很棒，但這其實是個非常糟糕的舉動。你把每個人的「為什麼」剮除到只剩錢和獎盃，還把它拿來供人意淫，這種激勵手段實在有些粗淺。而你猜猜看結果如何？這招沒用。聖徒隊在聯會冠軍賽輸給了公羊隊（Los Angles Rams）。

沒錯，裁判在做出一次干擾接球犯規的糟糕誤判後，硬生生地奪走了聖徒隊的機會。而且也沒錯，只有在體育電影中，教練在休息室裡的發言才是唯一會影響球隊能否獲勝的要素。但這本書是我寫的，所以我會寫出我的想

1　　譯註：裴頓帶領聖徒奪冠的年份應為二〇〇九年。
2　　譯註：NFL總冠軍賽超級盃大賽的冠軍盃以傳奇總教練文斯‧蘭巴迪（Vince Lombardi）之名命名。
3　　譯註：一部美式足球電影。

法。我不會告訴你聖徒隊會輸是因為裴頓教練用了一些糟糕的方式激勵球隊，但我還是認為，如果能採取更富深刻寓意的作法會更好。更多的錢和耀眼的獎盃⋯⋯休息室裡的每個人都已經具備了從小到大從未有過的財力，而且他們在長大成人的這幾年來也贏得了許多的獎盃，不然他們根本打不進NFL（國家美式足球聯盟）。

幾年前，裴頓教練規劃了一種不同的呈現方式，我認為這連結到了一個更具意義且更有力的「為什麼」。就我而言，這堪稱是體育史上最動人的勵志時刻之一。二〇〇六年，在卡崔娜颶風帶來重大災害之後，聖徒隊準備重啟巨蛋。美式足球記者羅伯特・梅斯（Robert Mays）用以下文字描述了裴頓如何提振球隊士氣：

在他們準備於《週一美式足球之夜》（*Monday Night Football*）重啟超級巨蛋以對陣獵鷹隊（Atlanta Falcons）的三天前，裴頓首度大張旗鼓地將他的球隊帶到了這座體育館。球員們靜靜地在五十碼線處集合，此時，大螢幕開始播出一段由大災難的影像與季前賽的剪輯畫面拼湊而成的影片。

球員們了解到他們不僅僅是為贏得一場美式足球賽而

戰，更得扛起重擔，背負一座雖然現在殘破不堪卻韌性十足並傲然挺立的城市。「那是個非常沉重且寧靜的時刻。」擔任線衛的史考特‧藤田（Scott Fujita）如此說道。在開球前，球隊後衛麥克‧卡尼（Mike Karney）也表示：「我記得當時一邊看著獵鷹隊，心裡一邊想：『他們根本不想打這場球。』所以我們已經贏了，就這麼簡單。」

　　這場比賽的轉捩點是史蒂夫‧格里森（Steve Gleason）擋下了對手的棄踢，這記美技也因為被做成雕像豎立在超級巨蛋之外而永垂不朽。當你聽見格里森撲向那記棄踢球而發出的碰撞聲，兄弟，你就能聽見這個「為什麼」。這個「為什麼」不是為了錢，不是為了獎盃，而是為了這座城市而戰，是為了藉由這場比賽帶給人們希望、將他們團結在一起的力量。這就是為什麼格里森與聖徒隊能夠持續幫助這座城市重建，以及格里森能堅持不懈地與肌萎縮側索硬化症英勇對抗的原因。

　　即使我不記得聖徒隊究竟有沒有贏下那場比賽，我還是記得這記棄踢封阻。（我剛查到，他們贏了。）但重要的是，球員們是為了遠比支票、勝利和數據重要的理由而戰，他們不是為了自己而踢。在他們重返超級巨蛋的第一年，球隊掛上了一個橫幅，上面寫著：「我們的家，我們的球隊，當個聖徒人。」這樣的能量推動他們在幾年後打進

了超級盃，我不認為這些紐奧良的球員在前往邁阿密出戰超級盃大賽時，有任何一人在想著他們的獎金。

我沒有說你不能靠著物質欲望的驅使而贏得勝利，你當然可以。

在我十二歲時，我的父親曾和我聊過。他告訴我：「嘿，聽好，我付不起你上大學的費用，這句話我現在就告訴你了。你應該繼續打籃球，這樣很棒，因為你可以靠打球得到獎學金。」我很感激他的直白，這番話讓我豁然開朗，也給我了一個「為什麼」。我的為什麼有一部分是為了得到獎學金。他幫助我理解到籃球是能讓我闖出一番成就的路。當時的他這麼說過：「我看得出來你喜歡打籃球，而且是從小就喜歡。正因為你如此熱愛，才有辦法靠它得到獎學金、上一所好學校。」

擁有這種額外的動力讓我變得更好，而且我真的認為它只是額外的動力。人的一生中一定會有需求，但不能在滿足需求後便止步不前。證據在哪？有許多天賦滿載的孩子擁有著成功所需的一切要素，而他們背後也有各種經濟誘因在驅使他們追逐成功⋯⋯然而出於某種原因，他們不願投入努力或者對於成功與否毫不在乎。不管是哪個世代，在洛杉磯的德魯聯賽（Drew League）、紐約的洛克公園（Rucker Park）或是美國的任何一個球場上，都能聽到

人們在說自己曾經跟某個人打過球，那個人如果做了什麼事，本來可以打進NBA的故事……是啊，如果。

名聲？人望？是啊，它們能讓人快樂，卻也並非永不褪色。我們來做個實驗，測試看看你認識這份名單裡的多少人：大衛‧湯普森（David Thompson）、卡里姆‧阿布都－賈霸（Kareem Abdul-Jabbar）、丹尼斯‧強森（Dennis Johnson）、喬治‧麥金尼斯（George McGinnis）、保羅‧韋斯特法（Paul Westphal）、馬奇斯‧強森（Marques Johnson）、莫里斯‧盧卡斯（Maurice Lukas）、華特‧大衛（Walter David）、傑克‧西克馬（Jack Sikma）、阿蒂斯‧吉爾摩（Artis Gilmore）、歐提斯‧柏德森（Otis Birdson）。這些人是一九七九年的西區明星隊成員，是聯盟中最有名且最受歡迎的球員。對，你可能認識賈霸，但其他人呢？他們的名氣在三十年後便蕩然無存。

從Spotify裡找出九〇年代的嘻哈歌曲播放清單吧，這裡面的歌你聽過幾首？圖帕克（Tupac）的歌？可能有。大個子（Biggie）的歌？或許吧。那其他人呢？沒了。這些音樂界裡鼎鼎大名的人物、葛萊美獎的得主、主宰樂壇的大哥大都走下了神壇……並被人遺忘。

說起九〇年代的嘻哈，在談到自己製作《毀壞機制》（*Illmatic*）這張在當代誕生且經受了時代考驗的專輯時，

納斯（Nas）如此表示：「我想透過這張專輯把你帶進我的公寓，而不是藉由它來唱出自己如何成為饒舌明星，這張專輯的主題是除了這件事之外的任何事。我想讓你知道我是什麼樣的人，我想讓你感覺到，甚至聞到街頭的風味、感覺與氣味，條子說話、走路與思考的模樣，以及毒蟲的所作所為。對我來說，以這種方式講述這個故事有很重要的意義，因為我認為如果我不講，就沒有人會出來談論它了。」

如果我不講，就沒有人會為它發聲。沒有人知道納斯是不是因為秉持這樣的態度，才能夠推出一張足以載入史冊的經典專輯。重點是，他有一個為什麼──這是一種不在乎你的故事經典與否，而是你必須挺身而出把自己的故事講出來的態度。就像如果我不打球，球場上也不會有另一個我。如果我不打球，就少了一個激勵隊友變得更好的人。

這就是一種為什麼，一個無論你有沒有贏得比賽都能推動你的答案。另外，如果你有看過運動電影，就會知道勝利並不保證能幫你解決問題。每個人都會想幫《野鴨變鳳凰》（The Mighty Ducks）和《少棒闖天下》（The Bad News Bears）的主角隊加油，因為他們都是處於弱勢的敗犬。如果你是為了得到大眾的喜愛才想要獲勝，那你最後

可能會大吃一驚，因為結果或許恰恰相反。備受看好並不代表你總會獲得粉絲的青睞，事實上人們更愛悲劇英雄。

　　而且就算金錢、名聲與人氣以短期來看是不錯的激勵因子，那你覺得在得到它們之後會變發生什麼事？即使是一份新秀合約，通常也是足以改變人生的一大筆錢，而頂尖球員在得到這筆錢後還是會繼續前進。瑟琳娜‧威廉斯（Serena Williams，小威廉斯）已經有錢到不用再工作一分一秒了，但她還是每天都在工作。她不但得精進自己的球技，還要鍛鍊自己的體態，更要花時間經營她名下的數間公司。瑟琳娜已經擁有了遠比她需要的開銷還多的財富，還贏得史上第二多的二十三座大滿貫冠軍。而且在懷孕生產後，她還回來繼續打球，並保持著頂尖網球選手的水準。她為什麼做得到？因為她有比擁有金錢、名聲與人氣的人生還崇高的為什麼。

　　一個我更常聽到而且令我同情的為什麼是為了證明其他人看走眼的動力，或者是為了向世界證明自己的價值、證明幼年時期不該遭受到那些發生在自己身上的苦難、證明英雄不怕出身低、告訴酸民飯可以亂吃但話不可以亂說。我們這些球員之中，有些人想藉由在運動領域中獲得的成就使他們不再覺得自己微不足道。也有可能是出於自尊問題，或者是來自於破碎的家庭，因此把球迷的嘶吼借

代成了愛。對這樣的人來說，籃球場就像是家，因為他們能在這裡感受到重視。

我效力熱火的第一年，整個球季都只想要用勝利回擊所有批評我們的人。我心想，如果能拿下這座冠軍，就能夠讓討厭我們的人閉嘴。如果贏了，我心裡就能好過一點了，對吧？然而我這樣的行為跟這種人沒什麼兩樣，我只想證明他們是錯的而已。

整個球季我都沒有想過會輸，只想像過讓酸民啞口無言的畫面。你不會在努力一整個球季、從季後賽一路打進總冠軍賽時，認真想像可能將勝利拱手讓人的情景，這種畫面是不會出現在你腦海裡的。

驀然回首，隨著總冠軍賽落下帷幕，映入我眼簾的卻是小牛隊在我們主場慶祝。我的好友泰森·錢德勒（Tyson Chandler）鼓勵我抬起頭來別灰心，這才讓我突然意識到：幸福快樂的結局不會來了，你堵不住任何人的嘴，你輸了。

就算你跟我們一樣在下次奪冠，你也永遠不會忘記如此慘痛的失利。在我們輸掉總冠軍賽後的那幾個星期，我花了很多時間坐下來反省。我不認為我們是因為在求勝時的心態不對而飲恨敗北，我們是整個被打爆了。但在冠軍賽結束後的那幾週，我想像著如果我們真的以那種心態奪

冠，也真的讓看衰我們的人閉嘴，會發生什麼事。或許你會覺得我是吃不到葡萄說葡萄酸，但我覺得就算以這樣的心態獲勝，我也快樂不起來。或許會快樂個幾天、幾個月，但不會快樂太久。因為這樣一來，奪冠的重點對我而言就變成了這些酸民，而不是我與隊友們攜手取得的成就。就算真的以這種方式拿下冠軍，我的思路還是被這些酸民控制著。

如果沒有藉由勝利完成一項令你引以為傲的目標，那麼它帶來的意義與成就感就會消散得很快。如果你把憤怒當成你的「為什麼」，那麼不管你達成多少成就，它所帶來的喜悅都會被吞噬得一乾二淨——就算你贏得跟喬丹（Michael Jordan）一樣多的總冠軍也是如此。

好的「為什麼」有一個很重要的重點：即使經歷大起大落，甚至在你身邊的一切都分崩離析時，它也永不磨滅。你可能在轉瞬之間失去你擁有的全部，但沒有任何人事物能奪走你的「為什麼」。

砰地一聲，曾為匹茲堡鋼鐵人（Pittsburgh Steelers）效力的萊恩·薛茲爾（Ryan Shazier）只因為一次撞擊，便失去了行走能力。一九四九年的費城人隊（Philadelphia Phillies）有位球員名叫艾迪·懷特庫斯（Eddie Waitkus），他在球隊下榻的旅館接到一通打到櫃台找他的電話，並且

十萬火急地要他到對方的房間去。他去了。然後房間裡一個患有精神疾病的女人拿出一把〇‧二二英吋口徑的步槍，開槍打中他的胸口，差點把他給殺了。想想鮑比‧赫爾利（Bobby Hurley）吧，他是杜克大學兩度奪冠的功臣，並在最後四強贏得最傑出球員獎，也順利成為職業球員。然而他在新秀球季打完一場比賽後開著他的運動休旅車回家時，被另一輛旅行車從側面撞上。赫爾利被撞飛，差點沒命。

當我想到現在當上亞利桑那州大（Arizona State）總教練的鮑比‧赫爾利、獲得年度東山再起獎的懷特庫斯，又或是朝著能重新走路的目標一步又一步前進的萊恩‧薛茲爾，我從他們身上清楚地看到更深層次的「為什麼」，而不僅只是些膚淺的事物，他們必須有這種深層的理由才有機會如願以償。看著像赫爾利這樣的人在經歷危及生命的傷病後重返球場是件令人振奮的事，但對我來說更激勵人心的是，他就算沒能回到球場上，還是會用另一種方式找到人生中的意義和目標。

當我看到大學時期的錫安‧威廉森（Zion Williamson）在那場踩爆球鞋的神祕意外中倒下時，我的腦中突然浮現了一個想法：如果他的籃球生涯就此化為烏有，他該如何

是好？幸運的是，傷勢並沒有看起來那麼嚴重。但如果真有這麼糟糕的話怎麼辦？如果他突然不再是原本的自己、不再是大學球壇最具主宰力的球員與未來的NBA選秀狀元，該怎麼辦？他有辦法應付這樣的變故嗎？他能明白人生除了籃球之外還有其他甚至更遠大的意義嗎？或者說，除了成為明星球員之外，他還能找到其他方法從這項運動中獲得庇蔭嗎？

那一刻，我希望他的生命中會出現一個人，會說出當時希爾教練對我說過的話，問他想把自己從籃球上得到的一切用來做什麼。這是每位年輕球員都需要的一番交流，就算沒有教練可以當你交流的對象，你也該與自己進行這樣的對話。這就是為什麼我會要你思考這些問題：你為何而戰？你想在球場上達成什麼目標，又想透過打球實現什麼成就？你想藉由籃球打開什麼領域的門？你想在球場上、甚至生命中，成為什麼樣的人？

就像沒有人逼你，但你為了進行額外的訓練也得把自己趕下床一樣，你必須秉持同樣的自我要求來尋找你的為什麼。你可以用我在這封信開頭跟你的互動當範例來試試看：先想出幾個對你而言比較淺層的目標，然後針對這幾個問題逐一詢問自己「為什麼」？逼自己越挖越深，挖掘出

自己真正的動力來源。深入挖掘後找出來的結果很可能會令你備感驚訝。你心目中有意義的人生或許是由心靈或個人理念上的原則構築而成，而比賽就是其中的一部分。也有可能是個更直覺的念頭，在比賽中的某個瞬間，你會在這靜止的半秒鐘發現你要的答案就在這裡，明白這就是為什麼自己會對這項運動如此熱愛。你會用自己的方法察覺到你的「為什麼」。

當然，你在投入自己所選的運動時也在不斷成長和改變，所以若是你的為什麼隨著你的成長有所改變也沒關係。希望在你變得更有內涵、有了更多閱歷的時候，你的為什麼亦會隨之變得更有深度且更加成熟。真正的熱愛能幫助你撐過傷病、逆境與失敗。在我發現自己真正熱愛籃球的原因之前，我喜歡籃球只是因為我想和朋友一起在球場上打球和投籃而已。「為什麼」會改變，也會進化，就跟人一樣。關鍵是，永遠不要把你的為什麼建立在任何可能被無法控制的外力奪走的膚淺事物之中。

它必須是比追逐勝敗或是爭取大學學費減免更加深刻的理由，它必須連結到你的靈魂，它必須將你與某種比你自身還要重要的事物連結在一起。

你的為什麼不該成為你外在的武裝，而是應該像被注

入你的DNA之中，成為你內在的本能。

　　如果你做到了，那就跟麥克・卡尼說的一樣：沒有任何對手、甚至任何障礙會想擋在你的前方，你將所向無敵。

會感到飢渴是一種才能

The Gift of Hunger

有一天，我的某位NBA隊友帶著他兒子在訓練開始前和大家一起投籃。我一眼就看得出來，這個年紀差不多是高中生的孩子很有天分。他說垃圾話的天分也很高，一直說要在我頭上扣籃之類的，不過我很欣賞他的好鬥天性。

我看得出來他想贏，也已經在籃球上投入了許多心力。他在球場上的表現同樣很清楚地反映了這一點。但是，驅動著他前進的動力是什麼？

我們剛剛討論過了你的「為什麼」。也許他的為什麼是為了令他的父親刮目相看，或是打好籃球、打進NBA。

我們探討過有哪些動力會在「你只覺得累到不行」的

時候從背後推你一把，這句歌詞是史普林斯汀（Bruce Springsteen）寫的。布魯斯‧史普林斯汀小時候也是個平凡的孩子，但他也跟你一樣，很想在人生中幹點特別的大事。他非常想離開自己所在的小鎮，在世界留下自己的足跡。他做到了，所以現在才能成為眾人口中的「The Boss」，這個稱號可不是憑空得來。我現在要繼續引述他的歌詞，因為他談到需要付出些什麼才能夠達成目標：

> 一旦你在這座城市的街頭中逗留
> 人們就會把你千刀萬剮得滴血不留
> 人們說你必須保持飢渴
> 嘿，寶貝，今晚的我正飢渴難耐

我可以告訴你，在我讀高中時，如果遇到那些過太爽或是養尊處優的孩子們，我們就是秉持這樣的心態在修理他們，我們會在場上把他們吃乾抹淨。儘管他們擁有天賦、受過一流的訓練並在最頂尖的設施中打球，但我們擁有一些難以複製的特質，那就是我們真的很飢渴。

想要成就偉大，你必須飢渴，必須保持飢渴。

只有在這場球賽的勝利對你而言有所意義時，你才能在球場上來回奔跑將近一個小時後，還有辦法拚搶可能會

決定勝負的關鍵籃板；只有在你覺得失敗的痛苦比衝搶籃板或撲在地上搶球的痛苦還多一倍時，你才能抵擋住身體要你停止前進的嘶吼聲，繼續在關鍵時刻邁開腳步。這就是飢渴。你能列舉出來的那幾位偉大球員，他們都能從內心深處感受到失敗的痛苦或是勝利的喜悅。對他們而言，這些感觸就像是能用身體感受到的實感。而這些頂尖球員明白，若想要成功，對於成功的渴望跟身高、肺活量、四十碼衝刺速度或是他們的「為什麼」有著同等的重要性。

你應該會常常聽到球評在替一場比賽下結論時，說一些「是的，吉姆，這支球隊是更渴望勝利的一方」之類的話。我知道這種話跟「得分最多的球隊就是勝利者」一樣簡直是老生常談，畢竟誰不想贏？但這種三番兩次被人重提的舊話都有個共通點，就是都有一些它的道理在。

籃球不像《飢餓遊戲》（*The Hunger Games*）或是羅馬競技場，除了輸掉比賽或是有可能受傷之外，並不會遭逢到什麼厄運。尤其對職業選手而言，不管你在比賽結束時是勝者還是敗者，都可以在賽後坐上豪華轎車、享用一頓豐盛的晚餐，然後躺在舒適的床上睡覺。過著這樣的生活，你的內心很容易產生這樣的想法：「比賽就是這樣，有贏也有輸。」能夠忽視這種想法，知道自己雖然只是在打籃球，卻把這四十八分鐘看作生死攸關的球員，就是更飢

渴的人。在整個球季中，這種球員與這種球隊確實能夠逆轉一些本來會輸的比賽。飢渴沒辦法讓你得到近兩百一十五公分的身高，也沒辦法告訴你該如何防守史蒂芬‧柯瑞（Stephen Curry），但是在你手感奇差的夜晚、在裁判哨音沒有站在你這邊的時候，它可以幫助你度過難關。

「這支球隊是比較渴望勝利的一方」或許是陳腔濫調，但事實上，在球場上的確不是每個人都對勝利抱持著一樣強烈的信念。即使是職業球員也會有掉以輕心的時候。在幾年前的一場棒球比賽中，有個球員在第七局打出了一支飛往右外野的深遠飛球。他以為這球會飛出牆外，所以停下來欣賞自己打出去的球，而沒有積極跑壘。但這球的飛行距離其實差了一點，所以沒能形成全壘打，而且因為他開始起跑時慢了一拍，導致他只能站上一壘而不是二壘。最後他們輸了，只輸一分。

在你能想像得到的各種體育賽事中，這樣的場景可能上演了千千萬萬次。就算是在最頂尖級別的比賽，飢渴的態度也比你想像中的還稀有。

是的，它與運動天分是不同類型的天賦。許多擁有體能天賦的運動選手沒那麼飢渴，而帶著飢渴態度上場比賽的人也不一定有運動方面的天分。影像紀錄不會騙人。你若看過NCAA錦標賽那幾支陣中沒幾個體能怪物而且種子

排序很低的球隊比賽，或是在看一場進入垃圾時間的NBA賽事時，就能體會到我這番話的箇中涵義。你可以分辨出球場上哪些球員有著飢渴無比的企圖心，也看得出哪些球員沒有這種心態。直到哨音響起之前都在滿場飛奔、積極拚搶籃板、為了搶球而撲倒在地的球員，就是前者。即使這場比賽已經無力回天，不管球隊現在領先還是落後對手二十分，他們都會全力以赴。

只要你有機會和任何一位NBA球員對話，他們都能對你舉出一個真實案例，告訴你他們認識一個天賦足以在聯盟打球、卻因為動力不足而沒能成功的人。這種人我看多了，人們在討論到這類球員時總是會說，他那記灌籃有多精彩、她在第四節主宰球場的比賽有多經典。也有些人會告訴你：「那個誰本來有機會成為很棒的球員，只是……」他們的語氣會隨著對話進行越來越弱，而這些話的真正涵義正說明了，在充滿天才球員的聯盟中，只靠優異的天賦是不夠的。

我看過太多沒有繼續前進的人，這些人可能會因為上了大學、簽下第一份合約、第一次先發上陣、第一次得到球鞋代言機會而自滿，然後就失去了他們的飢渴（再強調一次，這就是為什麼金錢與他人的認可是不好的「為什麼」）。慶祝一下是好事，為你的勝利或重要時刻慶祝是件

無可比擬的大事。然而有些人卻在慶祝過後駐足不前，與此同時，生活卻還在繼續。其他球員會繼續在健身房努力訓練，離開大學的新球員會一批接一批地加入NBA；而你卻在變老，體能也在一天天地弱化。沒有飢渴感，人生就會拋下你，然後繼續往前走。

當我思考是哪些因素讓我擁有成功的職業生涯時，我認為有著飢渴的天賦是個很重要的原因。在我逐漸闖出名號時，其實還有別的孩子比我更飢渴。我覺得自己已經很幸運了，雖然在高中體育館訓練時沒用過什麼光鮮亮麗的設備，但至少還有一些二手的基本重訓器材可用。不過當我和隊友們遇到那些來自有錢學校、擁有我們從未獲得過的資源的孩子們，我們都會享受這種飢渴心理幫助我們發揮得更好的感覺，並在比賽中將他們當成佳餚大快朵頤。我還記得當時自己想著，雖然我們的人生際遇有著天壤之別，而且我們在比賽結束後便會回歸各自的生活，但此時此刻站在同一座球場上的我們是平等的。現在，我渴望這場比賽的勝利，基於某種原因，你根本不會明白我的渴望為何如此強烈。

或許你的境遇與我相似，甚至身處於更糟的環境之中。很多這樣的年輕運動選手往往認為，如果把籃球打好或在其他運動領域有傑出的表現，就可以保證在未來過上

好日子。這其實是癡心妄想，儘管如此我還是希望你能明白，會感到飢渴是一種才能。講白了，人會飢渴，大多是想要證明自己隨時可以和任何人平起平坐地競爭。正是因為心懷渴望，德拉蒙德·葛林（Draymond Green）才能日漸進步，成為一支冠軍球隊中最重要的球員。他比大多數人都更渴望能證明自己，因為在他上大學和離開大學加入NBA時都從未獲得像大多球員得到過的肯定。

當然，在讀這本書的年輕運動員中，有些人應該過得比我的孩提時代舒適許多。不過這不代表他們沒辦法站上最高水準的舞台。看看德拉蒙德的隊友克雷·湯普森（Klay Thompson），或是奧斯丁·瑞佛斯（Austin Rivers）、提姆·哈德威二世（Tim Hardaway Jr.）等人，他們打進NBA之前，他們的父親也曾是NBA明星球員。還有瑞克·貝瑞（Rick Barry）的四個兒子，他們也都打進了NBA呢。[1]當然，也不能不提到史蒂芬和塞斯·柯瑞（Seth Curry）兩兄弟。

所以，金錢和資源不是重點，或許他們的部分動力來源是為了證明他們不是因為靠爸才如此出色。擁有一輛好

1　　譯註：波許提及的四個打進NBA的兒子都是瑞克·貝瑞與前妻所生，他還有一個與第三任妻子生的兒子肯揚·貝瑞（Canyon Barry），目前正在G聯盟打球。

車並不能說明他們是什麼樣的人，球場上的灌籃才是他們的代言人。

飢渴，是讓結果有所不同的關鍵。麥可‧喬丹明白這個道理。在那個他們終於戰勝底特律活塞的系列賽開始前，他對他的公牛隊友們說：「就算他們有經驗也無妨，因為我們有對勝利的渴望。」

不管是在一場勢均力敵甚至是一面倒的比賽中，飢渴都會是影響勝負天平的關鍵。

儘管已經七度贏得世界冠軍，路易斯‧漢米爾頓（Lewis Hamilton）每年都還是會以專注且準備萬全的姿態向一級方程式賽車錦標賽（Formula 1）報到。他是世界上最優秀的賽車手，而飢渴幫助他變得更好，並令他能繼續保持最高水準的表現。在這項只要一不注意就可能造成生死差異的競賽中，他為了在賽道上拿出更好的表現與更集中的注意力，調整了自己的飲食習慣與體能訓練。這些都是在贏得三連霸的過程中不可或缺的賽前準備，在我寫下這段文字的當下，他的連霸之旅還在持續當中。現在他在錦標賽中的奪冠次數，已經與麥克‧舒馬赫（Michael

Schumacher）並列為史上第一。[2]

在我與熱火奪得第一座冠軍後，有個朋友對我說：「老兄，拿一座冠軍不稀奇，你得拿兩座才行。」當一個球員有各種理由可以感到滿足時，能否找到一個繼續保持飢渴的原因就是區分出好球員與偉大球員的關鍵。

是什麼動力讓湯姆・布萊迪（Tom Brady）這樣的球員願意復出再戰，推動詹姆斯・哈登在休賽季努力磨練新的投籃技術？是什麼樣的動力，讓一支像熱火這樣的球隊明明可以悠閒慶祝奪冠，卻願意為第二座冠軍奮起拚戰，又推動著已經寫出經典著作的知名作家們繼續寫下去？是什麼樣的動力，讓伊隆・馬斯克（Elon Musk）能不停地開新公司？他們不是為了經濟上的報酬，而是為了體會到進步的喜悅，想要在每一次繫上鞋帶準備出發或踏進辦公室時都能超越最好的自己。這就是所謂的目標。對馬斯克這樣的人來說，他們的目標是建構讓人類可以在這個星球上永續生存的技術；對布萊迪這樣的人而言，他們的目標是成為人們心目中的史上最佳球員。擁有目標，是所有偉人的共通點。他們有著高矮胖瘦、各不相同的體型，也有著五花八門的技能，但在有些人繳出不錯的表現後便選擇停下

2　　譯註：作者於此處原文寫三連霸，但漢米爾頓在贏得了二〇二〇年的冠軍後才追平舒馬赫的七冠紀錄，因此應為四連霸。

腳步時，這些立下豐功偉業的人會繼續前進。他們永遠不會滿足，也沒有任何事物能填滿他們的渴望。

　　就像我有幸和勒布朗・詹姆士並肩作戰，若你有機會和這樣的人一起打球，你就會發現他們明明有非常充分的理由目空一切、認為自己的重要性凌駕於這項運動，卻從來沒有擺出過這樣的態度。他們內心有一部分渴望著能對自己的比賽問心無愧。像這樣的球員從來不會在任何一個回合或任何一次練習中放水，而且他們大多熟知並尊重這項運動的歷史。即使在他們不喜歡的情況下，甚至是在教練讓他們失去耐心的時候，他們也會以實際行動帶領這支球隊。他們的飢渴能幫助他們度過困難的時光。他們十分尊重比賽，因此片刻都不會掉以輕心。在每場比賽、每次訓練中，我都親眼目睹勒布朗展現出飢渴的態度。

　　當然，我也是從小看著MJ長大的，他在任何時刻也都一樣飢渴。他跟布萊迪一樣，遠在退休之前便贏得了足以令任何人都心滿意足的成就。隨便在九〇年代的哪個夜晚，他都大可擺出「我是麥可・喬丹，大家都知道我有多少能耐，所以我今晚可以放點水」的姿態來輕鬆打球，但他從來沒有這麼做，甚至不惜將他人的仇恨與輕視當成每晚傾盡全力的理由。一個有著喬丹的天賦卻不像喬丹一般飢渴的球員，可能在拿到一座總冠軍後就會因此自滿。喬

丹兩者兼具，這也是為什麼他能贏得六座總冠軍。

　　如果你能找到方法開發你的飢渴天賦，得到激勵你繼續前進的隊友與教練，你就會發現這種飢渴的心態會成為你生命中的一部分。這就像是一個良性循環：你投入的心力越多，你就越飢渴；然後你又會繼續努力，再變得更飢渴。而當你取得的成就越多，對成就的渴望也就會越高。

　　我真心覺得，你一定要找到值得自己渴望的各種事物。你必須把你的胃口養大，而這得靠後天養成。據我了解，比爾‧貝利奇克（Bill Belichick）就是個擅於讓自己保持飢渴的男人。在這位教練第一次贏得超級盃、球隊的所有成員都在球場上慶祝時，一名喜極而泣的球探問他：「現在我們要做什麼？」聽到這句話，貝利奇克看著他回答：「要贏更多次啊！」

　　你可以想像，多年來日復一日在贏球，要讓自己和他執教的球隊保持對勝利的渴望是件多困難的事，但他很擅於利用他人的輕視來刺激球隊。他會告訴球員，噢，這些媒體故意讓我們難堪，他們覺得我們贏不了。你覺得球員們在他的轉述中，聽聞下週對手會在我們主場把我們打得屁滾尿流的言論之後，心裡會怎麼想？身為一個冠軍就是要保持這種飢渴的心態，不然你就保不住你的冠軍頭銜了。

我記得高中的時候參加了一場錦標賽，我下定決心要贏得MVP獎盃。我的眼裡只有它，為此我瘋狂地訓練，差點把自己操死。因為我實在太想得到這個獎了，所以你可以想像當我拿下它的時候，心裡是什麼樣的滋味。但當我們正要打道回府時，我卻聽到我們沒有對決到的球隊即南橡樹崖高中（South Oak Cliff）的某些人說：「嘿，你怎麼不把獎盃還給更應該得獎的人？」

　　老兄，我那個時候真的不太爽，但回想起來，或許他們給了我一個最棒的禮物。我並沒有因為當時的成功感到自滿，而是回到體育館繼續努力訓練。這句話讓我從零開始、重新出發，讓我想著要明年回到這個舞台打敗他們……並讓他們閉嘴。我們確實辦到了。在我高四球季的州四強賽，我們贏了他們四十分，把他們打得落花流水。

　　這些小事情都會成為激勵你的動力。它帶給我的飢渴支撐了我好多年，我從來沒有忘記過這件事，從來沒有忘記過這件事中的任何細節。

　　我早年在球員時期懷抱的飢渴幫助我一路從高中、大學過關斬將，並登上職業球員的舞台；它也在我從多倫多來到邁阿密的途中，幫助我不停地為自己在球隊中的一席之地而戰。即使我的這番飢渴得到了滿足，甚至是在我受傷或生病的時候，我也總是在尋找新的挑戰。就像是一名

好廚師，即使他們已經日以繼夜地炒同一道菜好幾千遍，也還是會為了下一次能炒出更好的味道而埋頭苦幹，並讓這道菜越炒越好吃。他們的飢渴遠遠不只是製作出料理後就能滿足。

企業家們也是如此。就像麥可‧路易斯（Michael Lewis）所言，他們總是在追求「新新事物」（new new thing），我認為這是一個很美的詞彙。他們想在翻越一座大山後，繼續看看大山之後的大山有什麼樣的風景。除非你覺得當個普通人就好，或是職業生涯突然草草結束也沒關係，不然你也必須有一樣的心態。

不過同一時間，歷史上也有許多人們太過飢渴的案例。你不會希望自己飢渴得太過火，讓勝利的喜悅化為嘴裡的灰燼。

一名選手飢渴與否，往往會決定他的表現僅止於不錯還是能夠變得更優秀。儘管如此，就像生活會不斷變遷，它也有失控的可能。如果你太過飢渴，像是深陷於多年前結束的比賽而無法自拔、為自己在過去犯下的失誤而過於自責，或是在你需要時間休息並治療的時候冒著把健康與身體搞壞的風險強行上陣，就有可能吞噬掉自己。就像我見過許多有天賦的球員因為不夠飢渴而沒有成功，我也見過許多球員把他們的飢渴用錯方向。他們追求個人數據而

不是勝利，渴望自我的滿足而不是團隊的成功，汲汲營營於金錢而不是享受比賽的樂趣。我在這封信中多次提及要保持飢渴，但要記住，你渴望的目標是什麼也很重要，這就是為什麼能得到隊友和教練的鼓勵和啟發會讓結果有所不同。我在這封信裡也提過勒布朗，以及他的飢渴與他對比賽的熱愛與尊重有多麼密切關連。在他高掛球衣的那一刻，我相信他在當下會感到悵然若失，但我也確信他會繼續向前方邁開腳步，因為他知道，我們之於籃球都只是渺小的個體，而他會繼續追尋值得他渴求的事物。

修心養智

Cultivating the Mind

　　我知道你在這方面沒問題的其中一個原因是你正在看這本書，或者說，至少你目前還看得下去。

　　因為在你看的這幾頁中，我們完全沒有討論過該如何切入底線、在搶籃板時要如何卡位或是我最喜歡哪種重訓方式。

　　這不是那種類型的書。

　　對某些運動選手來說，這代表這本書「很無聊」。

　　甚至我也從教練口中聽過這種話。讀書？你有時間讀書還不如把這些時間拿去看剪輯影片、去體育館訓練或是多練個一百次罰球。我也聽過有些教練很驕傲地說：「我好

幾年沒看書了。」

我記得我剛加入熱火時，史波教練早已研究過我，並聽說我是個愛讀書的人，因此他買了一本覺得我會喜歡並能從中學到一些東西的書。他常常買書給球員，而他買給我的是麥爾坎・葛拉威爾（Malcolm Gladwell）所著的《異數》（*Outliers*）。當他把這本書交給我時，我很感動，但當下的情形其實有些滑稽，因為我告訴他我已經看過了，而且很喜歡這本書。

他看著我的眼神就好像我長了兩顆腦袋一樣。

在史波把書拿給球員看的這麼多年以來，從來沒有發生過這樣的情形。

所以我很開心你現在還在閱讀這本書，在人生才剛開始的階段就在鍛鍊你的心靈，試著變得更願意思考、成為一個更好的人，甚至更完整的個體。當然，看剪輯影片、做重量訓練和練罰球都很重要沒錯，但如果你忽視了你身上那個在兩耳之間的器官，那麼不管你投身哪種運動，你的技術層面都會有個很大的漏洞。因為不管你在研究戰術還是比賽影片，最後所吸收到的東西都會跑到你身上的那個器官裡。我的祖父傑克老爹（Daddy Jack）有句口頭禪，別人只要一看到他就會想到這句話：「擅用你兩耳之間的那個好東西，因為如果你不動腦，也沒人會來幫你動腦。」

就算你在場上是最大隻、最剽悍、最迅速和最飢渴的球員，但如果你沒辦法用腦袋記住你換防時要去守誰，或是分辨出你的防守對象在運球和無球走位時的習性有什麼不同，你就會成為球隊的累贅。

我很幸運，不必擔心我靠這本書能賺多少錢。（而且如果這是我寫書的動力，這就是個不好的「為什麼」，對吧？）所以不管是有人買這本書給你、你在圖書館找到它，或是在YouTube上聽盜版有聲版本，還是跟朋友借來這本已經被他折書角作記號的讀物，我都會很開心。

我開心的是你正在閱讀，還有你選擇閱讀。

大概是從我父母輩那一代開始吧，有一種糟糕的刻板印象流傳了下來，就是覺得運動員都是頭腦簡單的人。所以真的有很笨的運動選手嗎？當然有。不過就算是水電工甚至是總統之中也有不聰明的人存在，而在我認識的運動選手中，這些真正偉大的人們大多並非只有四肢發達而已。你必須夠聰明，才有辦法成為頂尖的選手。

綠灣包裝工隊（Green Bay Packers）的四分衛亞隆・羅傑斯（Aaron Rodgers）可以輕而易舉地回憶起，五、六年前的比賽中他們在攻守回合用了哪些戰術，舉凡鋒線該如何防守、用了哪些暗號、接球員在特定回合中做過哪些決定，他都記得清清楚楚。更瘋狂的是，他甚至記得接球員

和後衛在當下該做些什麼，或者他們在當時下達的戰術中被指派了什麼任務，以及對手的防線為了逼迫他們短傳或阻止他跑到最佳進攻路徑上而如何移位。採訪他的人聽到這些回答後，驚訝得下巴都要掉下來了。勒布朗在賽後記者會中展現出他的照相式記憶力（photographic memory）時，也一樣令記者們驚訝地合不攏嘴，包括當下誰在防守誰以及他怎麼會掉球的細節在內，他能夠解釋出自己在比賽中犯下的每一次失誤的背後緣由。其實，這並不奇怪。你的心智是你身體的一部分，你可以，而且也應該兼顧兩者的發展。說真的，像羅傑斯或是勒布朗這種等級的球員如果是有勇無謀的莽漢，這才比較讓人吃驚吧？如果沒有卓越的才智，要怎麼在半秒內理解對方的防守布陣、預測對手的反應並予以反擊呢？

　　或者看看葛瑞格・麥達克斯（Greg Maddux）吧，在我的孩提時代，他是最有宰制力的投手之一。如果你有看過他投球，就會知道他在巔峰時期的球幾乎沒人打得到。你應該也知道，這傢伙看起來就像是個會計師或中學老師。他的身材不像蘭迪・強森（Randy Johnson）或是羅傑・克萊門斯（Roger Clemens）有著強大的威壓感，他的快速直球時速也很少超過九十英里，但在他的職業生涯結束時，卻在歷史三振與勝投榜上都排到了前十，而且他投球的時

代可是全壘打產量暴增的類固醇年代。麥達克斯之所以如此強悍，並不是靠他的身體素質，而是他總能在與對手的心理戰中占上風。他熟知每個打者的打擊習慣和弱點，也知道對手在面對他時有什麼樣的打擊策略，甚至記得上一次與對方投打對決時自己是如何配球的。就像西洋棋特級大師一樣，他在對手上場打擊甚至比賽開始之前就已經在想要怎麼投球了。甚至在對手站上打擊區之前，他就已經靠著他對比賽的專注、準備和理解，在鬥智間解決了八成的打者。

麥達克斯就跟絕地武士一樣心思細密，與之相關的傳說多得不勝枚舉。二〇〇四年，在《運動畫刊》（*Sports Illustrated*）中有一篇文章是這麼寫的：「在洛杉磯道奇（Los Angeles Dodgers）的三壘手何塞‧赫南德茲（Jose Hernandez）上場打擊時，坐在勇士隊（Atlanta Braves）休息區的麥達克斯突然說了一句：『看好，一壘指導員可能等等要被送到醫院了。』下一球，赫南德茲就打出了一記平飛球，擊中一壘指導員的胸部。」要做出如此精準的預判，你必須知道投手在當時會投出什麼樣的球、打者會如何因應，還要知道當他真的打出去時會發生什麼事。你必須在最短時間內根據你對物理學的理解推測出結果，這種事就連加州理工學院（Caltech）的教授聽到都會大吃一

驚。

我希望你也能培養出這種動腦的能力。

好消息是，你正走在實現這個目標的軌道上。再以理查德·謝爾曼（Richard Sherman）為例，我最喜歡觀察每次他提到自己曾是史丹佛大學（Stanford）的學生時旁人會有什麼反應了。他是個有著真材實料的學者。他曾經發表過一次演講，講述自己在大學時期的經歷，剖析學生運動員會在生活中遇到的大小事，這些都是你在電視上看不到的。謝爾曼說，NCAA在解釋為什麼大學運動員不該獲得金錢上的報酬時，會指出這些運動員已經領到一筆獎學金，而且不需為此付出任何代價。但是正如謝爾曼所說，NCAA沒有提到要兼顧學生和運動員的身分是一件多麼困難的事：

> 我很希望普通學生能體驗看看學生運動員在賽季進行間過著怎麼樣的生活，就算只有一個學季或一個學期也好，讓我看看你怎麼拿捏學業與訓練之間的平衡。讓我看看如果你沒辦法在兩點到六點之間上課，你會怎麼安排你的課表。讓我看看你要怎麼在七點半完成訓練後，還必須每天拖著累得要命的身體準備隔天的考試、做與其他同學一樣多的作

業……

　　你早上起床之後馬上就要進行重量訓練，重訓過後得趕去上課，下了課你可能只剩一點時間可以匆忙地吃點東西，接著就要直接去討論小組報告，然後再去訓練。搞定這些事後，還得複習你今天上課所學的所有內容，確保它們都有進到你的腦子裡。

你可以當當看這樣的學生運動員，就算你已經畢業了也可以來試試。這是個你必須全心全意投入的任務。人會變聰明沒有什麼巧合，就像人會變強壯也絕非偶然。理查德・謝爾曼致力於砥礪自己的心智與鍛鍊自己的身體，你也該這麼做。

　　每當我看到年輕運動員因為相信自己能靠著當職業選手來賺錢而忽略了讀書的重要性，就會覺得他們的行為無異於自廢武功。當然，沒有人會在州冠軍籃球賽時到球場中央考大家幾何學，並藉由成績來決定誰是冠軍。但是，你在比賽中能取得多少成就有很大的程度取決於你的思維敏銳度、記憶力、創意、靈活性與心理準備的充分程度，甚至，沒錯，如果你在做出直覺反應時多了一點幾何方面的思考，也可能會幫助到你在球場上的表現。

凱文‧洛夫（Kevin Love）等球員在搶下籃板後送出一記直達前場的瘋狂長傳時，總是能以最完美的角度將球送到跑快攻的隊友手裡，讓他能夠從容地接到球後把球放進籃框，也不讓緊追在後的防守者有機會伸長手臂把球拍掉。在斜行內切或是長距離奔跑後突然轉向的四分衛、想打出長距離灌球的撞球選手、在踢角球的足球員、想傳一記突破重圍的球到進攻區的曲棍球員，也都會用到幾何學的即時運算。

　　所以每當有人說開發你的心智會令你沒辦法專注在精進自己的球技上時，我都覺得他們根本本末倒置。在大多數有比賽的夜晚，我穿上球衣之前都會留一點時間給自己讀一本書。我逐漸了解到，若是我能讓自己的頭腦保持敏銳，就能發揮出最佳狀態，這表示我在鍛鍊身體的同時也要鍛鍊自己的頭腦。

　　而你正在讀這本書的事實代表你也懂得這個道理。當然，我不是因為你讀這本書才這麼說的，而是因為你決定花時間做一些比打電動或滑 Instagram 更需要動腦的事。不要讓任何人灌輸你運動員不需要讀書、認真思考和激盪心靈的觀念。不論你是現役運動選手還是退休後要展開第二人生，這些事都是讓你邁向成功的關鍵因子。因為除非有悲劇發生，不然你之後必定會有退休人生要過，而你現在

所做的這些鍛鍊心智的行為，將決定你的退休生活會成為一段有意義的旅程還是無聊乏味的路。

　　培養你的思考能力吧。如果你不知道培養（Cultivate）這個字的字源來自哪裡，現在告訴你。它源自於拉丁語中一個意思是「生長」的字，描述你在花園或一塊農地中如何栽培作物的情形。你的默默耕耘不會在一朝一夕間便迎來收成，這是一段漫長、需要耐心且得按部就班執行步驟的過程。你必須播種，也就是學習基本知識，弄清楚自己除了運動之外還對哪些事有興趣，並且在課堂上專心聽講。你必須灌溉，也就是莫忘初衷，把時間投入在你幾乎晝思夜想的興趣上，並將它發展成你專精的事物。然後你就可以收割了，你努力所獲得的成果就是你的報酬。你在他人眼中會是個幽默風趣的人，更重要的是，對你自己而言也會是如此。你會成為一個腦袋裡不只有球在彈跳、戰術在飛舞，還有更多知識與你為伴的人。

　　你在看數不清的比賽影片嗎？很棒，但還不夠。人類的大腦非常有彈性，你在心靈世界中的某個領域所建立的成果可以被挪用到其他的領域。所以如果你花了一個下午的時間讀了一本小說，或是去了博物館、聽了場音樂會、學習炒一道新的料理，都不會對你的球技造成任何負面影響，還可以把你從中習得的創造力、耐心和專注運用在你

的比賽中，我保證你會因此獲益良多。雖然大腦實際上並不是肌肉，但它運作的方式對運動選手而言在很多方面跟肌肉很像。你在突破腦力極限時會感到頭痛，這是你鍛鍊心智的必經之路，就跟你突破肌力的極限之後，被鍛鍊到的肌肉也無可避免地會感到痠痛的道理一樣。而在你突然想通這些原本讓你想破頭的想法或概念時，會很驚訝地發現超越自己的你現在都能輕易地舉一反三。但如果你怠惰幾天，你的思考能力便會不進則退。你的大腦就跟你的肌肉一樣，有可能一天比一天變得更強，也可能會逐日退化。

　　就我自己的經驗來說，最能夠證明你在競技體育上也需要動腦的就是視覺化能力。每當我在學校讀書時，我都會藉由視覺化將故事中的劇情與人物投射在我的腦海裡。我可以看到哈利波特和他的朋友們去霍格華茲準備上新學期的課、學習新的魔法，我喜歡《大亨小傳》（*The Great Gatsby*）中綠光穿過水面的畫面。而我發現越是勤加練習我的視覺化能力，就越能洞悉球場上的一舉一動，我可以在腦海裡重播比賽中的關鍵時刻，甚至能預測接下來會發生什麼事。大腦不會把籃球跟其他方面的視覺化能力區分開來，它們都被存放在大腦中的同一區塊，因此我在上課時越加強視覺化的能力，它就越能在場上幫到我的忙。

雖然這個國家管理大學體育的方式有很多問題，但他們還是做了一件明智的事，就是貫徹將體育和學術結合在一起的基本理念。然而歐洲就沒有這樣的制度，你只能在走進職業體系和上學之間二選一，沒有中間地帶。我覺得這真的很可惜，當然，未來你可能會和許多從小就全心全意投入競技體育的人一樣成為職業選手，但這麼一來你就會錯過大學教育，並錯過另一種可能性：成為了解體育管理階層與社會體制的權力結構、可以出言捍衛自己、能夠為比賽之外的重要事物發聲的體育選手。我相信也有許多出身於歐洲體系的運動員做得到這些事，不過在大西洋彼岸的我們有著更遠大的理想，就是不只練身體也要練腦袋，儘管我們實際上未必能顧全兩者。

　　再說，從整體上來看，只偏重於鍛鍊身體或鍛鍊心智都是未知且未經驗證的作法。在人類的歷史長河中，我們大多相信人的大腦和身體是命運共同體，如果你沒有好好開發大腦，就沒辦法完全發揮身體的潛能，反之亦然。有句拉丁諺語是這麼說的：「健全的精神寄宿於健康的身體之中。」（Mens sana in corpore sano），它的意思是有健康的身體才有健全的精神。這個道理已經流傳好幾千年，在古時候，你不僅要懂幾何、詩歌與音樂等知識，更要熟習摔角、擲標槍和賽跑等技能，才稱得上是受過教育的人。

有些競技選手覺得自己可以在不用動腦的前提下使運動生涯攀向高峰，因而沒有像鍛鍊肌肉一樣培養他們的視覺化能力、記憶力與創造力。在我眼中，這些人在自欺欺人。尤其現在，數據與分析在比賽中有著舉足輕重的地位。在過去，你或許可以只靠驚異的體能條件就能在聯盟中生存，但現在可行不通了。如果你曾經看過揚尼斯·安特托昆波（Giannis Antetokounmpo）打球，就會明白我的意思。他每一球都是在油漆區或是籃下出手。這不是因為他喜歡這麼做，而是因為分析師告訴他（事實上，他們會跟聯盟中的每個人這麼說），根據得分效率與進球機率來看這是最高效的出手方式。聰明如他，他現在也成了一名深諳此道的球員。

還記得我剛剛說沒有比賽會以幾何學考試來決定勝負嗎？事實證明，這句話並非完全正確。對於數據的理解以及認知籃球賽不僅是體能的較勁，讓揚尼斯和其他許許多多的運動員與球隊總經理在過去幾年裡改變了籃球，他們對於勝利的渴望促使他們探索著每一條可能令自己進步的途徑。

你的飢渴也可以把你引導到相似的道路。如果你現在還是學生，那麼專挑輕鬆的課來上就可能會對你的比賽造成負面影響。

你可能以為球員到訓練中心就是來重訓或來泡冰浴進行冷凍治療而已，如果有機會讓你在會議室聽聽球員們討論的內容，勢必會讓你大吃一驚。試著想像哈登和休士頓火箭的高層討論數據分析時的畫面吧。上個球季，他們為球隊設定了每回合得一・一六分的目標，若能達成，將會締造NBA歷史進攻效率的最高紀錄。[1]為了時時確保球隊走在實現目標的路上，他們必須弄清楚自己在球場上的哪個位置出手了哪一球、怎麼樣的投籃比較有機會引誘對手犯規，以及哪幾球的最終結果是浪費了一次進攻機會。在過去的NBA中，如果你得到中距離空檔就會毫不猶豫地出手；然而在當今數據分析當道的NBA中，這卻是最糟糕的出手選擇，因為你在中距離投籃得分的機率不會比三分球命中率高到哪去，更別忘了你中距離投籃的得分比三分球還少一分。這些差異在一場比賽、一個球季中累積起來，便會成為劃分季後賽球隊與樂透球隊的界線。現在幾乎每座訓練中心裡的球員都在探討數據，如果你沒辦法跟上他們的討論，教練就會找別人取代你。

試想一下，幾十年來，籃球比賽的本質基本上都是尋找空檔，然後出手。然而在幾位智者發現它並沒有這麼簡

1　譯註：指二〇一八至一九年球季，最終火箭該季的每回合得分為一・一四九分。

單後，這便開始有了變化，他們透過更具創意的發想讓籃球比賽迎來了革命。而這些人的獨到見解，也讓達米安・里拉德（Damian Lillard）、柯瑞和凱文・杜蘭特這樣的球員順勢而生。籃球會有這樣的演變是因為有人在研究這項運動，而不是只用蠻力在打球而已。

在數據分析真正開始掀起革命前，我的職業生涯就結束了，但打籃球不只需要邁開雙腳、也需要動腦的概念依然在我心中根深柢固。一部分的原因是，一直以來我都喜歡透過閱讀或學習去接觸與籃球沒有直接關係的事物，而另一個更大的原因是我受到了隊友的影響。

特別是肖恩・貝提耶（Shane Battier）帶給我的影響最大。我想不出哪個球員在做賽前準備時做得跟肖恩一樣認真，而我試著向他看齊。他不只整個球季都在追蹤自己的數據，更會研究對手攻守方面的傾向，以便我們做好反擊的準備。他會模擬所有在四十八分鐘內可能發生的場面、預先設想各種可能會出現的危機，並制定好我們該如何因應的方針。他可能會說：「好，如果馬刺在最後三十秒落後三分時握有球權，並想藉由一波快速進攻爭取下一次球權回到他們手裡的進攻時間，那他們很可能會在發球進場後跑這些戰術，而我們應該這樣防守。」或是「如果我們擺出小球陣容就能讓我們的中鋒取得速度上的優勢，這代表

我會有拉出底角投三分球的機會」之類的話。肖恩常常沉浸在這樣的思考模式中，而我很喜歡看他想這些事情的樣子。

他這樣的思考模式已經超越了戰術層面。在比賽之前，你必須設想好比賽中會發生的所有情境。你必須想像出投籃沒進後回防的畫面，在實際聽到前就想像出觀眾會發出多大的噪音和講出哪些垃圾話，以及預期你的身體在第四節時會感受到什麼樣的痛苦。

這樣一來，當你真正在場上面臨這些狀況時，就會發現自己能夠泰然處之。因為在某種程度上，這些情境你都早已體驗過了。強韌的心理素質不是與生俱來或天生就欠缺的天賦，而是像肌肉一般可以透過磨練培養的條件。平心靜氣地想像所有事態最壞的發展，並演練自己在那些情境下會作何反應，你不但能建立起堅韌的內心，更能培養出信心。你會對自己的技術、賽前準備與跳投產生信心，一旦你相信自己已經蓄勢待發，在對手發起進攻時，你便會清楚自己準備好反擊了。同時，你也會更加信任你的隊友。你必須全盤調整自己的心態，才不會在比賽的緊要關頭胡思亂想身邊的戰友到底值不值得信賴，而是會自然而然地相信他們。

像肖恩‧貝提耶這樣的人一直在激勵我前進，不僅激

勵我更認真地鑽研這項運動，還鼓勵我全方面地增廣見聞。在某個休賽季期間，我不僅自學了編寫程式，還去上了吉他課，甚至探索時尚也成為我延伸創意觸角的方式，讓我理解到世界上有許多新奇事物。我總是認為自己不只是籃球員，即使是在打球時我也是這麼想的。而我不把自己只當作是一名籃球員的想法，實際上反而幫助我成為一名更好的籃球選手。這個想法讓我能找到其他事物消除我的挫折感，給了我一些能和隊友討論的話題，讓我找到不惹上麻煩的興趣。季後賽期間，我會在晚上做菜，這不僅幫助我的心靈擺脫媒體或球賽帶來的滋擾，也幫助我能專注在手邊的任務上。

小時候，當你從電視上看到自己的偶像時，都會覺得他們好像從來沒有懷疑或批評過自己，因為你只看到他們的表象。但是當你努力追隨著他們成為運動員的腳步時，你會明白，如果不直面內心的自我懷疑，就不可能在你投身的領域中成功。雖然承認這件事並不光彩，但我還是要告訴你，我在初中與高中時期打出糟糕的表現後，有時候會情緒崩潰，滿腦子都在想別人噴了什麼垃圾話，甚至還會失眠，隔天隊友都會因此來關心我的狀況。

不過這麼多年來，我的心理層面已經被我鍛鍊得更堅強了。我在球場之外的興趣並沒有讓我變得渙散，反而使

我成為更加堅毅的人。如果我在隊友需要我的時候讓他們失望怎麼辦？如果我在球迷們面前丟臉怎麼辦？若我在場上開始懷疑自己，球賽之外的人生體悟便能幫助我想起這個世界有多麼寬廣，它能幫助我以正確的角度看待並克服這些心中的疑慮。

當然，我的心靈還沒有完美到毫無死角的程度。多年來，我不斷訓練自己不要被垃圾話激怒，專心打球、用我的表現說話，但偶爾還是會破功。當我還效力於暴龍時，在一場比賽中對上了當年組建出「三巨頭」且如日中天的塞爾蒂克。整晚我幾乎都在和凱文‧賈奈特（Kevin Garnett）對抗，而後者是一名喜歡藉由講垃圾話來點燃自己士氣的球員。出於某種原因，我被他的話釣到了，於是我們幾乎整場比賽都在球場上用垃圾話攻擊對方。KG是垃圾話專家，但我不是，所以我讓他得到了巨大的心理優勢。也因此結果毫無意外，我完完全全被他壓著打。

幸好像這樣的夜晚只是個案而不是常態。它之所以只是一次偶然發生的例外，是因為如同我在勤奮地練習跳投一樣，我也在勤加鍛鍊我的心理素質。

就像我提到的，在比賽開始前便在腦內將其視覺化也是心智方面很重要的一部分，但有時最能加強心理素質的方式往往都跳脫出了你做的運動之外。溫斯頓‧邱吉爾

（Winston Churchill）或許是歷史上精神層面最屹立不搖的人。在不需與納粹作戰而能稍作喘息時，他會用畫畫來度過閒暇時光，甚至還寫過一本關於畫畫的書。我不認為他是為了追求「多才多藝」之類的模糊概念才喜歡畫畫，而是因為在生死攸關的情況下，他需要退一大步才能冷靜下來把局勢看得透徹。

你看得出來我特別喜歡跳脫既定形式的學習方式。沒錯，我覺得達米安・里拉德推出的那些饒舌專輯很酷；NFL的進攻線鋒約翰・烏雪爾（John Urschel）有辦法一邊打球、一邊在麻省理工學院（MIT）進修數學博士學程，也讓我覺得很酷。還有主打防守絆鋒的史蒂夫・麥克連登（Steve McLendon），他從上大學時就開始在跳芭蕾舞了。每週都在與一百四十七公斤重的進攻線衛正面較量的他曾經說，芭蕾是「我所做過最困難的事」。不過也因為跳了芭蕾，讓他的身體變得更有延展性並更能隨心所欲地控制肢體，這幫助他在場上繳出更好的表現。他不是唯一一位跳芭蕾舞的運動員：一九八〇年代擔任跑衛的賀歇爾・沃克（Herschel Walker）就一直有跳芭蕾的習慣，拳擊手依凡德・何利菲德（Evander Holyfield）也藉由芭蕾訓練維持自己的身材，甚至在NHL擔任守門員的雷・艾莫里（Ray Emery）也把能從嚴重的髖部傷勢中復原的原因歸功於它。

而且並不是只有運動員在跳芭蕾，就連第一位飛上太空的黑人女性梅‧傑米森（Mae Jamison）也曾研究和練習過這項運動。

事實上，我認為有些極為成功的運動員在接觸到超脫他們專業領域之外的理念後，從中獲益良多。坎迪斯‧帕克就認為她的心理素質之所以如此強韌，是因為看了《砍柴與挑水》（*Chop Wood, Carry Water*）這本書。即使內容與美式足球毫無關係，《比賽，從心開始》（The Inner Game of Tennis）也依然深受湯姆‧布萊迪喜愛。而我則從許多與古代哲學、武術、心理學和其他主題有關的書中學到了許多對我的運動生涯有益的事。

所以我相信，培養你的心智會讓你成為一個更好的運動選手。不僅如此，它也能幫助你在追逐任何目標的過程中發揮最高水準的表現。除此之外，它更能讓你不只是一個運動員。當我想到卡梅洛‧安東尼（Carmelo Anthony）是如何成為場外議題的意見領袖，以及他為了退役之後的人生做了多少準備時，我就會想到他為此投入了多少心力，而不是只把心思放在鑽研跳投和練習四十碼衝刺而已。

你在生命中會有個時期企圖在賽場上表現得出類拔萃，在這個時期培養你的心智是件很重要的事。若以更宏觀的角度來看，這段時間其實很短暫。然而就如我所說，

如果你夠幸運，就會有一段很漫長的退役人生。最重要的是，你是否已經在腦袋中積累了足夠的知識、興趣和激情，以及對新事物懷抱熱情的能力，讓你在高掛球鞋的幾十年裡不會無聊。一個運動員會在褪下球衣後過著豐富而有意義的生活，還是會過著乏善可陳的退役人生，最關鍵的不同就在於他們投入多少努力在培養心智上。

　　無論你在賽場上取得多高的成就，你都不會希望在遲暮之年除了自己的光輝歲月之外，就沒什麼值得回顧或值得一提的事蹟了。如果你希望自己是個活到老、學到老的人，那你就必須從現在就開始修心養智。

溝通很重要

Communication Is Key

紅衫。中鋒。釘點[1]。罰球區。弱邊。強邊。底線。下擋。

如果沒有上下文，這些單字對大多數人而言可能沒什麼意義，但如果你是把籃球視為生命的籃球狂人，那這幾個字就像你的第二語言，甚至更像是母語一樣。在適當的時機說出這幾個字能夠傳達出五花八門的意義，甚至啟動球員的開關，令他們執行早已練習成千上萬遍的戰略與戰

1　　譯註：指罰球線正中央的點。在美國蓋球場時，常常會在該處釘上釘子，藉此由繩子測量其他邊線與端點的距離與方位是否準確。由於在釘子拔除後通常會留下痕跡，該點也因此得名。

術。在關鍵時刻，若是一個筋疲力竭的球員能夠藉由手勢將上述任一訊息傳遞給隊友，就有可能挽救一場比賽甚至整個球季。

當然，每種體育賽事都有它們專屬的語言。像是美式足球的五分錢小組（nickel）、四-三戰術、熱讀急傳[2]或「以我為準」（Check With Me）戰術[3]。在足球場上，球員們會說出禁區（box）、假跑真誘敵（dummy run）、近門柱之類的專有名詞。從西洋棋士口中，你則可能聽到吃過路兵、國王入堡等術語。水球選手會談論到不落水傳球或打蛋式踩水這些專業用語。冰壺選手則會說到擦邊壺（biter）[4]、觸壺（burned stone）[5]、射壺時刻（shot rock）[6]與得分圈中央鈕（button）[7]等行話。捕手通常會用手指比出暗號跟投手溝通，如果二壘上有跑者，他就會用不同的手指比出不同的暗號。為了不讓攝影機收錄到對話內容，有些球員會在講話時拉起衣領遮住嘴巴。而游泳教練也會趁著蛙泳選手浮出水面換氣的空檔，對他們大喊划水！划

2　　　譯註：指四分衛在預測到對方將會進行閃電突擊時迅速把球傳出去。

3　　　譯註：球員們在攻防線討論出一個戰術後，教練會在場邊發出暗號來決定比賽繼續進行時要執行還是推翻這個戰術。

4　　　譯註：石壺碰到得分圈的邊緣。

5　　　譯註：選手或選手的裝備碰到移動中的石壺。

6　　　譯註：每一局石壺最接近得分中心的時刻。

7　　　譯註：得分圈中央的圓圈。

水！

　　每支球隊可能都會有隊內成員才懂的語言。如果在其他狀況下說出來，可能聽起來像是在胡言亂語。運動員可以將一些你熟悉的詞彙轉換成你完全陌生的意涵：在你早上起床穿衣服時，你會自然而然地知道自己要扣上鈕扣（button），但如果在冰壺賽場上聽到手持冰刷的傢伙喊出「button」這個詞時，你聽得懂他在喊什麼嗎？而想要學習如何在最高水準的賽場上打球，有個很重要的關鍵就是要學會這些專屬於它們的語言。

　　這句話有它的道理在：在每一秒都很重要的時刻、在一百一十三公斤重而且跟你一樣想贏的對手們全速朝你衝來，而你需要和隊友們建立起默契的時候，你便需要在最短時間內盡可能地傳遞出最大量的訊息。一名經驗老道的運動員有辦法透過一些精心挑選的特定詞彙，讓他或她的每個隊友都知道在接下來的攻守回合要做些什麼，知道誰應該在哪個位置、他們會遇上什麼樣的防守布陣、接下來還會發生什麼事。他們會提醒重複犯錯的隊友，也能幫助他們在比賽帶來的混亂與噪音中集中精神。如果你有機會聽到像是克里斯・保羅（Chris Paul）和盧卡・東契奇（Luka Doncic）這種傑出控球後衛如何帶領球隊，你會覺得他們的說話方式聽起來就像是航空交通管制員，盡可能

不講廢話、以最高效率調動快速移動的隊友們。你也會覺得他們在場上的作為就跟治療師一樣，能讓隊友們平靜並安下心來，引導並鼓勵他們。

在比賽正要開始時、在你耗盡體力時、在球迷的嘶吼聲讓你覺得自己宛如身處羅馬競技場而生命危在旦夕時，溝通就成了像是，對，一條生命線般的存在。這就是為什麼一支球隊要由五名球員組成：在最艱困的時刻，你的身旁會有一群人和你並肩作戰。

想像一下這些以你無法跟上的速度同時發生的情境。你在防守安東尼‧戴維斯（Anthony Davis），他正在幫丹尼‧葛林掩護，而德懷特‧霍華德（Dwight Howard）在同一時間也在用背擋幫勒布朗‧詹姆士進行清出空間。

右擋！右擋！注意掩護！

這些聲音會提醒你，你再過一秒鐘就會全速撞上一堵肌肉作成的牆，你最好對此有所因應之策。

如果你的隊友注意到並及時提醒你，那麼他不但能幫你避開許多皮肉之痛，甚至可能幫你挽回防守失位的危機。要是他沒有提醒你，好吧，下次暫停時如果你在場邊生他的氣，我不會怪你。

不過我們現在要繼續假設如果他有及時警告你，而你也擠過了掩護後的情形。進攻時間還剩十四秒，AD啟動後衝到禁區的弧頂與拉簡·朗多（Rajon Rondo）進行高位擋拆，這時朗多就可以在掩護下出手，也可以把球傳給走位到禁區的AD讓他輕鬆得分。如果你想阻止這樣的結果，你可以換防，這樣原本守朗多的人就會去守AD了。但是等等，本來在防朗多的人可能身材比AD嬌小許多，這樣一來，除非另一名長人隊友過來協防，否則得到機會以大吃小的AD就會在低位輕鬆地把他輾過去。

你必須一邊全速奔跑，一邊在幾秒鐘之內進行所有的思考、預測與應對。你要讓這些行動之中的某些環節成為身體自然而然的反應，這也是訓練的重點，但也有些事是你解決不了、需要當下進行溝通的。因為不管你有多聰明、有多麼開闊的球場視野，一個人在任何時候都不可能只靠自己就應付得了球場上所有的瞬息萬變。要有五雙眼睛同心協力才能夠處理這些狀況，不然你就會被擊垮。而且你還要在兩萬名粉絲尖叫的噪音中，讓對方能快速且明確地理解你所傳達的訊息。你不能只有獨善其身，還得成為組織的一部分，並隨時做出調整。這就是你需要溝通的原因。

現在把剛剛講的情形重複模擬兩百遍，因為幾乎每支

NBA球隊在每場比賽中都會擁有至少一百次的控球權，這意味著你必須在攻守方面分別處理一百次我剛剛描述的情況，而且我還沒把暫停過後界外發球、罰球失手後搶到籃板的快攻，以及中場休息時間教練團一邊對著上半場一百多個攻守回合中表現不佳的你大吼大叫、一邊想做的各種調整算進去。能夠順利溝通的球隊會在上述情況下成長，而默契不佳的球隊彼此面面相覷，如墮五里霧中的窘態則會在大螢幕上一再重播，然後記分板也會不斷掛上他們因防線崩潰而奉送給對手的分數。

即使你不知道是什麼原因造就這種防守布陣門戶洞開的結果，也可能想像得到場上發生了什麼事。「他們怎麼讓場上最好的射手在底角有大空檔？」、「為什麼完全沒有人守那個中鋒，讓他輕鬆灌籃得分？」、「怎麼一個單擋就把那傢伙給擋開了，他在場中央沒注意到對手的戰術嗎？」

原因十之八九是缺乏溝通。

我現在討論的只是一場比賽中的一個回合，但溝通很重要的道理不僅適用於比賽中的每個回合，甚至，沒錯，適用於場外的人生。

因為生活中處處需要溝通，領導統御一個團隊時也一樣。尤其在成敗結果關係重大之時，溝通更是重中之重。

歷史上發生過一件這樣的事：當希特勒（Adolf Hitler）

在歐洲橫掃千軍之際，邱吉爾上台擔任了英國首相力挽狂瀾。是的，他有計畫，還手握世界最強的海軍，背後更有著大英帝國的力量，很快還會得到美國的撐腰。但如果沒有他登高一呼，這些資源在侵略之下都會失去意義。事實上，如果沒有他的演講，美國可能就不會參戰。沒有他在廣播電台與下議院中的慷慨激昂以及那番壯麗且縈繞於人心之中的話語，就難以激勵並打動一個掙扎和喘息中的帝國，讓它重拾偉大與勇氣：

　　敵人很快會把他們的所有憤怒與武力轉向我們。希特勒知道，他必須摧毀我們和這座島，不然就會輸掉這場戰爭。如果我們挺身對抗，或許能令整個歐洲重獲自由，並使這個世界變成一個更寬闊且陽光普照的美好高地。

　　但若我們失敗，被濫用的科學之力將打造出更不祥、甚至可能更漫長的黑暗時代，而整個世界，包括美國、包括我們所知且關心的一切，都將沉淪到它的深淵之中。因此，讓我們振作起來，扛起我們的責任。如此若能令大英帝國及其聯邦能延續另一個千年，人們將會繼續稱頌：「這是他們最光輝的時刻。」

如果連這番話都不能讓你無畏艱難地前進⋯⋯那跟你說什麼都沒用了。因為在歷史上眾領袖以英語發表過的諸多言論中，這堪稱是最為精華的一段話。

我沒有想要把打籃球比喻為和納粹打仗的意思。當然，前者只是一場比賽，而後者是一場你死我活的戰爭。但你想想看，在最古早的奧運中比標槍、短跑和摔角是有原因的，因為這些都是以一名士兵必須精通的技術為模板的運動。在史詩《伊利亞德》（*Iliad*）中，當希臘英雄們在戰事中得到稍事喘息的時間，就會因此點燃一場盛大的體育競賽。這也是為什麼在每一場戰役與重要的比賽之前，都必須對上戰場的人們傳達一段鼓舞人心的話語。

「你的話語要直指靈魂，」談到自己在麾下大軍對敵人發起進攻前發表的演說，拿破崙（Napoleon Bonaparte）如此表示，「這是能夠激發出人們動力的唯一手段。」

長年以來，人們認為競技體育與戰爭有著極大的共通點：兩者皆代表著與對手、渾沌、疲勞和自我的鬥爭，也都需要我們冒著身體受傷害的風險，差別只在傷害的嚴重程度而已。而若要在競賽與戰爭中獲得勝利，卓越的個人能力與整個團隊的團結一心也都缺一不可。

在賽場與戰場上，也要有人在正確的時間說出正確的話。它可以像「右擋！」一樣簡單明瞭，也可以像「這是

他們最光輝的時刻」一般震撼人心。當有人罰球落空時，一個冷靜的頷首與一個讓人鎮靜下來的手勢，也能發揮一樣的效果。

　　不管你帶領的是球隊還是軍隊，領導者都要看清前方有什麼挑戰，知道迎接挑戰時團隊成員們要做什麼，並明瞭要傳遞什麼樣的文字、符號或圖像給他們，才能帶領大家達成目標。要知道，這一點不僅需要個人魅力，還要有對團隊中每個成員瞭若指掌的洞察力：什麼詞彙能夠激勵他們？哪些詞語會讓他們失望？從後頭加把勁，能把他們推得多遠？這是讓他們打起精神的時候，還是讓他們繃緊神經的時候？身為一名領袖必須明白這些道理，才能精挑細選出適當的話語。

　　我知道當今有許多教練和選手真的把比賽當成戰爭一樣在打，而且做得有點過火了。有些教練自以為是巴頓將軍（George S. Patton），假借比賽是戰爭的名義辱罵選手、對因為罰球失手而使球隊落敗的球員惡言相向；有些球員以此為藉口做出卑鄙的手段。如果要當個戰士，就必須當個兵不厭詐的混蛋，是嗎？既然你覺得這是天經地義，那怎麼不發推特昭告天下？雖然也有例外，不過執教手段最高明的教練與最有才華的球員大多都是與混蛋完全相反的好人。他們沉穩內斂，用立下的偉業替自己背書。當他們

與你交流時，會想幫你建立信心，而不會試圖打壓你。

所以我不是在慫恿你把打球當成打仗，而是告訴你在高強度的環境中，溝通有沒有效的區別會立即顯現，因為它會對戰局產生十分重大的影響。在一些無關緊要的時候，例如有人想在辦公室裡的無聊會議中發表一些看起來有在動腦的言論時，就會說出一些像是「我們要繼續深入研究，發揮一加一大於二的效果」之類的空話。大家都知道這種話沒什麼意義，但畢竟是無關痛癢的場合，所以不深入研究也沒差。不過在勝負牽一髮動全身、每個人都相信其他四名隊友會在場上支援你才能贏球的時候，你就需要以俐落、直接、切中要點的方式與他人溝通。

能在球場上有效率地與他人溝通一直是我引以為傲的一點，儘管為此我費了番功夫。有些人天生就有在球場上出聲領導隊友的能力，但我沒有，所以我必須練習溝通，就像我也要練習投籃和鍛鍊身體一樣。

不過這也是我為自己的溝通能力在職業生涯中有所進步而感到很自豪的原因。我特別喜歡在效力熱火期間與隊友交流防守的時刻，由於我不得不在進攻端上有所犧牲，因此我希望自己能在另一方面表現得好一點。我覺得確保球隊的防線固若金湯是我的責任，而我可以透過與隊友持續溝通來達成這項任務，讓他們隨時都知道我在哪裡、進

攻球員的位置以及他們會如何配合。然後，當然，我會以實際行動證明我不只是出一張嘴，我希望隊友相信我會移動到我說自己會負責的位置。我覺得不停在防守時出言交流幫助我們變得更加團結，也令防守時出聲成為我的習慣。事實上，有位教練也曾這麼告訴我：「如果你沒在溝通，就等於沒在防守。」

　　如果你沒在溝通，就等於沒在防守。兄弟，這也是個溝通很重要的絕佳範例。

　　從此以後，在我職業生涯的每一場比賽中，我都記得這句話，也希望你會記得。在我效力過的每支球隊中，我發現我溝通得越多，隊友也越會溝通。這會感染每個隊友，並成為球隊特色的一部分。而且和隊友建立起心照不宣的默契是一種很棒的感覺，與隊友溝通成為比賽時我最喜歡的環節之一。你不一定要是一名天賦極高的球員，也可以成為一個善於溝通的人，只要講話大聲一點就好了。

　　在養成每個習慣的一開始都會覺得有些彆扭，溝通也是如此。我都已經在全力衝刺了，還要在履行自己的職責時耗費額外的氣力朝著隊友大喊，提醒他們做他們本該負責且應該早已知道要做的事？這聽起來有點蠢，就像是一邊執行自己的任務，一邊複述自己正在做什麼。但是做得夠久，你就會克服這種彆扭感。請記住，場上的每個球員

都有可能注意到其他隊友沒發現的訊息，所以在你們共享資訊時，就像是變成一個智能翻倍成長的共同體。而你會在井然有序地換防、更頻繁地阻止對手進攻、降低在進攻時間所剩無幾時濫投、迫使對手發生更多失誤時，看見溝通帶來的成果。這些出聲提醒隊友所獲得的成效是幫助你克服覺得這麼做很彆扭的良藥。有個隊友出聲提醒你掩護，並在對手擋拆時跟上你原本的防守對象、阻止他得到出手空檔，會讓你體驗到一種世間少有的暢快。

　　而它的妙處還不只這些。知道如何溝通是讓球隊在整個球季保持一致步調的關鍵，尤其在輸球之後更是如此。當局勢順風順水時，會比較能暢通無阻地溝通。你可能聽過有句話這麼說：「只要球隊贏球，誰都可以和大家相處愉快。」因此要在進展不順利時與人溝通會比較困難，但這才是更重要的事。

　　在輸掉一場令人失望的比賽後，最重要的就是要解決問題。你必須直言不諱，但也別忘了語帶尊重。在遇到挫折時，更是需要與人溝通。你的表現越是不如預期，就越需要把狀況講開來，這是唯一能夠扭轉局面的方法。

　　你們可能覺得好的運動選手都是很強勢的人，只要一輸球，就會立刻在休息室裡發生教練猛批球員、隊友之間互相究責這種攻訐彼此並爭執的情形。然而以我的經驗而

言，一支優秀的球隊不會有這種事發生，只有一直輸球的球隊才會搞出這種事情。在事態變糟時，這些輸家會閉口不言、關緊心門並且不再互助合作。他們不再對話，卻一直在生悶氣。

很難說是什麼原因造成這樣的情形，而它又會帶來哪些影響，但我認為這是雙向的。糟糕的團隊將挫敗感發洩在彼此身上，這麼做也讓他們變得更糟，因為他們無法開誠布公地評估彼此需要做什麼才能進步。當每個人都在擔心自己會不會因為發言而點燃戰火時，就沒有人會誠實地說出心聲。當每個人都閉門造車、沒有與彼此交流且心中都有一把火的時候，賽後討論就會變成批鬥大會，無法從中獲取能幫助你改進缺失的指教。一支球隊越是善於交流，就會表現得越好，這幾乎已經是一條準則了。

這段時日以來，我覺得溝通成了一門失落的藝術。也許只不過是因為我已經退休的關係，畢竟退役球員最喜歡貴古賤今，你看看查克（Chuck，Charles Barkley）在《NBA on TNT》上的賽後講評就知道。但我發誓，我真的觀察到當今球隊在防守上的交流越來越少。這實在大錯特錯。沒有把握機會溝通的球隊，不但會錯過可以趁勢壓過對手的先機，也會在面對到陣中球員天賦爆表的球隊時處於劣勢。即使是在你狀況最好的時候，揚尼斯、史蒂芬、

克萊、哈登、威斯布魯克、勒布朗以及 AD、KD 和凱里・爾文（Kyrie Irving），這些球員也有辦法遇見你幾次就打敗你幾次。如果你不溝通，他們就會把你當過街老鼠一樣狠狠修理。

在我還是熱火隊的成員時，我們都一直在尋求這些溝通能夠帶來的優勢。系列賽開始前，我們會深入討論我們的作戰策略，了解我們想達成哪些目標以及該如何達成。我們會透過每個回合、每場比賽來了解對手的反應，並且思考為什麼某些戰術在一些特定的比賽情境下會成功或失敗。你和經歷過這些沙場的專業人士交流時，不會有教練像課堂上的老師一樣在掌控全局的感覺。教練會告訴我們他希望我們做到什麼事，而我們會與彼此討論該如何達成。我有時候會和肖恩商討防守位置的輪轉，肖恩也可能和馬里奧・查莫斯（Mario Chalmers）討論擋拆上的配合，馬里奧也會提醒德韋恩・韋恩自己會用什麼策略防守托尼・帕克。我們討論得越多，在場上就做得越好。

你在看熱火隊比賽的時候，可能會看到我們和馬里奧爭論不休。但對我們來說，這只是溝通的一部分。從表面上來看，我們看起來或許像是在爭吵，但我們都很清楚自己在做什麼。我們都是好勝的人，也都想要贏得比賽。馬里奧是球隊中最具激情的球員之一，這就是為什麼你會在

球場上看到我們不停地動口。如果他覺得我做錯了什麼，就會糾正我，而我會反駁他，於是就爭論起來了。爭論沒有錯，它絕非你在一支籠罩在愁雲慘霧之下且軍心渙散的球隊中看到的那種失去理智的對罵。不同之處在於，馬里奧、我以及所有的隊友們都真的很希望能幫助彼此成長，因為只有如此我們才能打出冠軍等級的籃球。我們會爭辯，然後解決問題，繼續前進。

史波斯特拉教練也會和我們溝通。就像我說的，我記得我也曾對自己在進攻中的角色定位感到不快，而史波扛起了讓我也在進攻端打得如魚得水的責任。我們在球場上、晚餐時、他的辦公室裡有過許多尖銳的討論，但他展現出了極大的耐心，這讓我銘感五內。他打造出的團隊氛圍讓我不需要假裝沒事，有苦自己吞。有了他出的一份力，整支球隊營造出一個讓我覺得可以說出真實想法，而不會壓抑到崩潰的環境。雖然有時想過這麼做，但我沒有大喊「嘿，把那顆該死的球給我！」，也沒有讓我的挫敗感加深並失控，而是和教練懇談，讓球隊把我放在一個我覺得自己能盡情揮灑並幫助球隊奪冠的位置。

隨著我日漸成為一名更成熟的球員，我發現落到我肩上的溝通責任越來越多。這是我該負的責任，也是球隊對於資深球員的期望。不過老將在帶領球隊時，該做的不是

怒斥犯錯的人，而是了解每一個隊友並清楚如何激勵他們。有些人被吼被罵會因此在場上火力全開，但也有人會說：「嘿，我不喜歡有人對我大吼大叫，這會讓我在比賽中分心。」你必須知道這兩種人的區別。一個善於溝通的人會找出隊友們個性上的差異並知道如何對症下藥，也知道與不同的隊友相處、協調不同的事件時都不能把它們混為一談。在某種情況中對某個人有效的做法，可能會在不同情況下在另一個人身上產生適得其反的效果。我們在前面討論過修心的重要性，懂點心理學也是其中的一部分，如果你見識過各式各樣的人，便可以從你接觸到的這些人中歸納出心得，藉此進一步了解隊友們的性格與習慣。只要你練習得夠多，就能夠分辨出你該直言批評哪些人，又該好聲好氣地與哪些隊友溝通。你可能會覺得優秀的領導者一眼就看得出來隊友們性格上的差異，但這其實是大量研究和觀察的成果。

你必須花時間在場下和隊友相處，一起吃晚餐、到彼此家中作客，都可以。你們之間的連結不能一直只有籃球，而是必須建立彼此的信任，讓對方覺得跟你相處起來很自在，這樣當你在必要情形下打電話給他們時，他們會知道你是發自內心地關心他們。如此一來，問題便不至於走向一發不可收拾。他們會明白：「這傢伙和我一樣，也在

努力地變得更好，我知道他在想什麼。」

　　學著放下自我與不傷及對方的自尊是一種高水準的溝通技巧。你批評隊友，不是為了讓他不開心或是只要自己爽就好，是為了解決問題。如果你能讓被批評的人心悅誠服而不是滿肚子火，就能更有效率地化解矛盾。二十世紀偉大的軍事與政治領袖德懷特‧艾森豪（Dwight Eisenhower）曾說，他的話從不會牽扯到「個人特質」，也就是他對事不對人。這就是「我希望這份報告準時地出現在我桌上」和「你這懶鬼，不要遲交報告」兩句話之間根本上的區別。更糟的是，有時候你還會在比賽中看到有些教練或球員特別點名某些球員，在公開場合羞辱他們、讓他們難堪。

　　你應該透過溝通激發出人們所有的潛能，而不是讓他們心灰意冷。

　　而且你要有能夠接受他人建議的肚量。這是許多原本有機會成為球隊領導者的人在溝通時欠缺的環節，你不可以在講別人缺點時口若懸河，卻在有人想提出意見、想幫助你改進缺點時負氣離開。人們會立刻記住你今日的所作所為，沒有人會尊敬一個指摘對方卻不接受批評的人。記得，你如何回應他人的批判，別人就會學著用一樣的方式回應你。如果你大力撻伐批評你的人，就是在增加自己被

砲轟的機會。如果你有耐心地傾聽且虛懷若谷，日後他人就更有可能聽進你的意見。溝通必須是雙向的交流，否則沒辦法互通有無。我們之前就討論過這一點，如果你真的想提升你的球技，就必須廣納良言，因為每一次批評都是幫助你的球技在某些層面上進步的機會。

當有人搞砸了某些事，也就是致使球隊陷入輸球、憤怒、懷疑與只顧自己的惡性循環，通常是溝通渠道崩壞的緣故。此時的無心之言聽在他人耳中都會成為最惡毒的話，也因此導致誤解擴散，讓每個人開始看到彼此最黑暗的一面，就跟情侶分手的情形一樣。不同的是，你在球隊中互動的對象有十幾個、二十幾個人，而且直到球季結束前，你們都不能分開。

這就是有一名能穩定軍心的老將坐鎮的重要性。你可能要說「不，不對，他不是這個意思。他說這句話的時候你聽成什麼了？當你說另一句話的時候，真正想表達的又是什麼意思？」之類的話來調解隊友的紛爭。要圓滿地解決事件就要有大量的耐心與包容，不過你的付出會得到回報。

重點是，真正厲害的領導者知道如何在不影響團隊氣氛的情況下進行這種不知如何開口的對話。他們知道在接受批評時要大人有大量，也知道要給予什麼樣的提點才能

讓問題迎刃而解。他們已經了解，與隊友和教練溝通並不是為了找出代罪羔羊，而是要明白問題出在哪裡，幫大家搞清楚狀況。

而你要無時無刻地鑽研才能磨練出更好的溝通技巧。我與好友朱旺‧霍華德（Juwan Howard）還是隊友時，總是在討論溝通對於場上與場下的成功有多麼重要的影響力。他現在在密西根大學（Michigan）擔任總教練，到了一個新環境，試圖教導並啟發一群年輕得可以當他兒子的球員。他告訴我，他的溝通技巧也在不斷進步。當我們在NBA打球時還沒有人會傳群組訊息，而現在這成為他與球員展開對話的主要方式。

守舊很簡單，身為密西根五虎一員的朱旺大可拒絕求新求變，堅持過去在九〇年代有用的作法，也可以放話狠批：「現在的孩子太自我中心，有夠難教！」人在遇到年代、出身環境、成長背景或技術水準等差異帶來的溝通障礙時，找得出千千萬萬個退守同溫層的理由。但是在你克服這些難關後，會很驚訝自己得到了什麼成果。我見過最不可能成為朋友的兩名隊友，因為找到他們意想不到的共通點而發展出了友誼。朱旺也懂這個道理，這也是為何他能在教練圈闖出一片天。

K教練也有相同的人格特質，這讓他成為有史以來最偉

大的教練之一。在之前的信中，我提到自己和K教練在奧運時攜手作戰的經歷。這剛好讓我想到，溝通並不只是要幫助球員從失敗中振作起來，更要讓他們知道自己的長處有被看見、對自己的球技有信心，才能造就一支成功的球隊。即使是NBA球員，甚至是奧運選手，也偶爾需要這樣的鼓勵。

所以當K教練告訴我，他對我的臂展在防守端上的影響力印象深刻時，這讓我的心裡第一次萌生出這樣的想法：「哇，你知道嗎？我想我知道自己該在這支球隊中怎麼打球、在這支球隊有什麼價值了，我會在防守端表現得無人能及。」如果我沒有聽到這番話，我可能會在試圖為球隊有所貢獻時求好心切卻弄巧成拙，並因此在球隊分配出手順序時迷失自我。老天，我們球隊裡有勒布朗、科比、韋德和卡梅洛，留給其他人的出手機會實在不多了。

而K教練之所以是一名如此優秀的教練是有原因的，他非常善於溝通。他知道我可以做出什麼貢獻，也知道如何將這個想法灌輸到我的腦海裡。如果他說了像「克里斯，我們不需要你來負責進攻」這樣的話，不但會傷害到我的自尊心，也可能會讓我無法接受。K教練知道這一點，所以他用另一種我可能比較願意聽進去的方式，把我需要接收到的這些訊息傳達給我。

另一方面，我也要自誇一下我的傾聽能力，因為我不只接收到K教練鼓勵我做好防守的訊息，更聽懂了他告訴我需要在哪些方面投入最大的努力。傾聽是溝通的另一個面向，你需要花時間思考別人告訴你的話，並冷靜下來理解對方話中的真正意涵。世界上有無數本收錄了「史上最精彩演講」的書，然而探討「史上最優質聽眾」的書卻可能寥寥無幾。在溝通的範疇中，人們往往低估了傾聽的重要性，但它就跟其他能力一樣是可以培養出來的一項技能。

觀察為什麼每支球隊中說話最大聲的人卻可能不是最懂得傾聽的人，是件很有趣的事，但真正的領導者知道如何兼顧兩者。輪到他們發聲的時候，他們會講得字字精闢；在你有話要告訴他們時，他們也會讓你感覺到百分之百的認真。

在二〇一六年以後，我就沒有如過往般在球場上與人溝通了。現在，我還是在與人溝通，只是換成以一名父親、球評、作家、社運人士的角度出發。我現在與人交流的內容跟以往不同，但我在職業生涯中學到的溝通經驗卻還是派得上用場。了解你的聽眾，誠懇並切入要點。如果你希望有人聽你說話，請記得也要聽別人說話。我在溝通之中學到的道理遠比在球場上甚至其他地方學到的任何事

物都有用得多，籃球雖然有它自己的語言，但良好溝通很重要卻是普世價值。

你也一樣。無論你日後選擇投入哪項競技運動，在賽場上奔馳的日子總有一天會結束。而在這一天到來時，你學到的這些說話藝術與傾聽技巧將會成為你從這段時日中獲得的一份最有價值之物。

畢竟溝通的內容可能會改變，但溝通的目的卻是永久不變的。

拋開你的自負

Sweep Away Your Ego

我不是說你是自大狂，而是說你是個有些自負的人。

這是個問題，而且是每個人都有的問題。

自負，就是那道在你耳邊低語的聲音。

自負，就是那股讓你想拍著胸膛對每個人說「你根本沒有任何優點值得我學習」的衝動。

自負，讓你拒絕把球傳給隊友，因為你想要當老大，不想把機會拱手讓人。

自負，令你以為自己懂得比教練還多。

自負，是一種引人誤入歧途的聲音，引誘你說出「我不需要對任何人表達敬意或釋出善意，我會成為職業球員

然後發大財」的狂言。

自負，甚至會讓人說出這樣的話：「你知道我是誰嗎？」

自負，是孩子覺得「教練找我麻煩」所以退隊的自以為是。

自負，是你把自己的人生當成傳奇小說，然後把你遇到的其他人都當成故事裡的配角。

自負是一種難以明確定義的事物，但是只要你親身體會，便能了解到什麼是自負。

如果你見到你的教練、隊友或朋友做出了什麼自負的事，那絕對都不是什麼好事。教練會因為自負而無緣無故對孩子們大吼大叫，年輕球員會因為自負而成為黏球的自幹王，人們會因為自負在場上甚至場下做出混蛋一般的行為舉止。

而自負特別危險的地方在於它旁觀者清、當局者迷的特質。它可能會立刻使你的人生、人際關係和在球場上的表現走上歪路，而且除非你是個很懂得自我反省的人，否則你會對此一無所知。

顯而易見的是，自以為是會阻礙人們前進，但我們卻很難看清它在哪裡阻礙到我們。

這就是我想寫這封信提醒你的原因：你必須狠下心來

克制你的自負，攻擊這個潛藏在你心裡的敵人，因為對於你想在比賽和人生中所成就的事物來說，自負的確是它們的冤家。

我記得我在小時候遇過一個對手，受到上天眷顧的他有速度、有身高，更有一手流暢的跳投。他在高中畢業後就在選秀會中被選上了，包含我在內跟他同屆的其他球員都在大學裡多待了一到兩年。但後來，選中他的球隊想把他下放到現在所謂的G聯盟中打一個球季。

他不但不接受，還告訴記者，「想都別想，我已經好到可以現在就打NBA了。」他不認為自己是個技術還需要提升的球員。這就是自負，老兄。如果你覺得現在的你已經足夠完美，而且永遠是對的，那你就不會再進步了。如果你覺得被指導或是有需要加強的地方是件丟臉的事，那你永遠都沒辦法達到更高的境界。

兩個球季後，他就被球隊釋出了。這個故事對我來說是一則警世寓言，我希望它也一樣能讓你有所警惕。

G聯盟過去的名稱是發展聯盟（D-League），很多人都將它的「D」誤解為不夠好（Deficient）的意思，就像是成績單上的D一樣。不是啦，這個D是發展（developmental）的意思。諸如J.J.巴瑞亞（J.J. Barea）、丹尼・葛林與哈桑・懷塞德（Hassan Whiteside）等球員都是從發展聯盟打

上來的。

　　誰不希望自己有發展？這裡面有什麼內幕嗎？為什麼有些年輕球員對這個聯盟如此牴觸？

　　自命不凡是絕大部分的原因。

　　控制你的自我是世界上最困難的事情之一，尤其在你年輕又有才華時更是如此。每個人或多或少會受到自我意識的影響，而我要告訴你，在年紀輕輕便沉浸在他人的讚譽中時，要控制自我就更難了。

　　或者有人甚至為了你修改規則，又或是你有很大部分是因為相信自己才取得今日的成就時，也很難不流露出太多的自負。

　　幾乎每過幾個星期就會有一篇文章出現在《ESPN》上，探討某些不世出的天才球員本有機會達成多高的成就。這些人會離開球場往往不是因為受傷，而是受到像是藥物、法律等其他因素影響。有些人覺得自己天生就是要吃籃球這行飯，因此產生太過美好的想像，以為自己是球隊中無可取代的招牌球星。但這些空想最終鮮少成真，選秀狀元在場上表現不如人意的機率遠超過優於預期的可能性。

　　為什麼會這樣？太過自負就是個很重要的原因，沒有什麼比他人的讚揚更容易讓你變成一個妄自尊大的人了。

聽好，我並不是想藉由批評他們來讓我顯得很高尚，好像我這輩子從來都沒有自以為是過。我會對他們說出這麼苛刻的話，是因為我從他們的故事中看見自己也有過同樣的自負，並多次差點令我的職業生涯因此脫離正軌。我聽到這些有天分的球員因為自負而毀掉自己的故事時，總是感到非常沮喪，因為聽完這些人的經歷後，會讓我不禁想像自己本來也很有可能落得跟他們相同的下場。

　　我一直想當球場上的老大，一直、一直想成為最優秀的球員。我就跟你曾看過的那些在車道上打球的孩子們一樣，總是模擬著自己在第七戰終場哨音響起時出手致勝一擊的場面。（要是我沒投進，幻想中的裁判會幫我把時間倒回去。）如果說我和其他孩子有什麼不一樣，那就是我真的很想打出名堂。一個優秀的運動員勢必要懷有成為天下第一的野心才有可能登峰造極，而這種野心其實是個接近病態的想法。雖然它是幫助你成功的關鍵，但也可能造成極大的危害。在體育競賽的漫長歷史中，有無數年輕運動員發現他們現在所會的技術雖然在目前層級打遍天下無敵手，卻在到達更高的層級後處處碰壁。

　　競技體育發展至今，展現出潛力的運動員就有機會站上更大的舞台。像是西元前三一六年獲邀從比雷埃夫斯（Piraeus）來參加奧運的摔角手、被尼克・薩班（Nick

Saban）招募到阿拉巴馬大學（Alabama）打球的高中線衛、繳出亮眼成績後在NBA選秀中雀屏中選的大一輟學生、努力想獲得奧運參賽資格的體操選手，他們都是這樣的案例。

他們都會發現一件事，那就是他們在更高水準的舞台上面對到與過去截然不同的挑戰。突然之間，他們不但不再是場上最優秀的選手，還成了任人宰割的弱雞。這樣的事情在科比、基特（Derek Jeter）、布萊迪、拉皮諾（Megan Rapinoe）身上都發生過。基本上，前一個層級的佼佼者升到更高層級後又得從谷底往上爬（或者頂多從中間開始往上爬），這是每一個你聽說過的偉大選手都經歷過的情形。面對這種比賽水準的驟變，你會如何反彈將決定你是個怎麼樣的選手。事實上，這也是業餘選手與職業球員的分水嶺。

而你會如何反彈取決於你的自我。如果你還有很多進步空間的事實明擺在眼前，但你還是繼續催眠自己是最好的球員，最終便會遭到淘汰，被後浪取代。你可以將自己在更高層級的失敗歸咎於運氣不佳、教練對你有偏見、隊友無視你的才華，而你會驚訝於這種怪東怪西的情緒讓你浪費多少時間沉淪其中。如果你夠謙虛、願意面對現實，意識到你還有很多東西需要學習、很多方面需要成長，那

你就真的有機會成為一名很棒的球員。這就是它矛盾的地方：如果你想成為一位優秀的球員，就必須坦然面對自己的所有缺點。

我從自己的經驗中學到了這一點。在高中球壇表現拔群的我被喬治亞理工招募後，以為自己上了大學後依然能笑傲群雄，但我真是錯得離譜。上大學後的生活並沒有如我想像中那般輕鬆寫意，我因此受到了震撼教育。主要原因是，來到更高層級的我把自己在高中的優異成績當成理所當然的表現，但想要將它復刻在大學球壇上卻沒有這麼簡單。從一個頂尖高中球員變成要和其他人一樣爭取出賽時間，這種落入凡間的感覺打擊到我的自尊。而且當我上場時，我面對的對手都是在大西洋沿岸聯盟（Atlantic Coast Conference，ACC）中身經百戰的球員。我跟不上他們的水準，讓我的信心因此受到重挫。

這是我第一次嘗到在更高層級的戰場上掙扎的滋味。我不再順理成章地成為場上最好的球員，只是另一個無名小卒而已。我們的教練保羅・休伊特（Paul Hewitt）很懂得如何擊垮我們後再幫我們重新站起來，這代表我在練習中被學長們狠狠打敗後，還得重複進行一次三小時的訓練。接著在完成重訓與個人訓練後還要去上課，這真的很難熬。

但經歷這番折磨後令我脫胎換骨。我堅持不懈地按表操課並向休伊特教練請教，最終在選秀會中獲得球隊賞識並成為職業球員。而這代表我又到了「下一個層級」，又要從頭來過，以一名NBA新秀之姿在訓練與比賽中對抗在聯盟裡生存多年的老球皮。我不是在抱怨，而是指出在更高的層級中打球並不像電視中所見的那麼美好。我要讓你們知道的是，我之所以能夠度過這兩次難關，不是靠我的身高、速度或是任何身體素質上的天賦，而是靠我能夠調整自我的心態，讓我在練習時被狠狠修理後知道：「該死，我還有很長的路要走。」能否接受這一點，是你能在運動場上、學術領域或是職業生涯中前進到下一個階段還是停滯不前的分界線。

　　但說真的，這一條路上的每一步都舉步維艱。我從來沒有和這麼強壯的球員們交手過，而且那是個比賽中有更多肢體碰撞的時代，像我這樣的長人必須比現在更頻繁地在低位攪和。就像我剛到喬治亞理工的情形一樣，我壓根沒辦法想像自己有辦法主宰比賽。就如同你上了大學後的心態和高中時不一樣，你的心境在進入職業聯盟後也要有所轉變。在大學時期，你的隊友就是同宿舍的室友，你們在不需要練球時可以一起打發時間。但在來到暴龍隊後，一切都是公事公辦。這支球隊中只有我還像個孩子，其他

球員都是有著各自生活的成年人，根本不會想要在練習後還一起出去玩。一個年輕人真的很難適應這樣的情形，更不用說還要適應冬季天寒地凍的異國生活了。

除此之外，我還要和我的自負對抗。我把所有的心力聚焦在得分上，只想著要成為數據統計表上得到最高分的球員。如果我得分表現低迷就會驚慌失措，也會完全無心防守。

曾任暴龍總教練的山姆・米歇爾（Sam Mitchell）注意到了這個模式，在一場比賽後，他把我拉到一旁後說：「你不可以只有在持球時才有成為場上最佳球員的企圖心，就算球不在你手上的時候，你也必須是場上表現最優異的球員。」甚至他還為此在客場出征聖安東尼奧時讓我坐冷板凳。我接收到了他的訊息，如果我想要成為球隊在進攻端的核心，就必須證明自己也是防守端的中流砥柱。有時候你就是怎麼投都不會進，但你可以在每場比賽都投入百分之百的力氣在防守上，這不僅全權由自己決定，而且它永遠不會失常。

我逐漸理解到這一點，它也改變了我對待比賽的態度。我學到即使在手感不好的時候也還是要保持積極，也學到如果要讓隊友把我當一回事，就必須在攻防兩端都展現出當仁不讓的態度。但我的自負還是有著強大力量而且

持續存在，它對我咆哮，訴說著自己比數據上顯示的還要出色、我應該得到更多上場時間、重視與媒體的關注。有時候，它令我與隊友都為此付出了代價。

二○○六年，我代表美國隊參加世界籃球錦標賽，我們在準決賽輸給了希臘。在美國體育史上，這不是個值得驕傲的時刻。回想起來，它在我的生涯中也不是個值得銘記的亮點。我完全被自己的自負態度給操控，我的意思是，我沒有像肯伊・威斯特（Kanye West）那麼我行我素，但我的自負還是阻礙了我。在那屆錦標賽中，我滿腦子只想著我的上場時間，並對自己沒有得到應有的機會感到不滿。我在整個賽事裡平均僅出賽不到十四分鐘，對一個習慣出賽時間獲得先發球員待遇並繳出漂亮數據的人來說，這種感覺有如骨鯁在喉。我不習慣這種從板凳出發幫助球隊的角色。

這本應是我職業生涯裡的一個光輝時刻，無論我有沒有得到先發等級的出賽時間，我都代表著我的國家上場，並在比賽中與最優秀的球員並肩作戰。如果我當時沒有那麼在乎自己的感受，就可以從他們身上學到很多東西。至少，我也可以好好享受這趟免費去日本的世錦賽之旅，對吧？但這段時間我卻在自怨自艾，並因為不夠受教練重用而感到氣憤。在大多數情況下，我想到的都是自己、自

己、自己，而沒有考慮到球隊，沒有思考該怎麼做出貢獻、從板凳席上幫隊友加油或是好好把握住我得到的上場時間。我想得不夠全面，只想到自己想爭取的東西，這就是自負造成的。

聽好，我從來沒有和這些教練或隊友鬧翻。我謹言慎行，避免在公開場合失言。但人類真的非常善於解讀彼此隱藏的感受，畢竟我們是群居動物，這也是我們進化後習得的技能。只要離我一百五十公分內的人都能立刻感受到我生氣、不認同，以及如果沒有得到屬於我的上場時間就不管球隊死活的情緒，而這些態度是會傳染的。

我缺乏認同感的態度是否傷害到了球隊？這是否導致了我們的失敗？很難說，但我可以告訴你，它對球隊沒有幫助，而我也是問題的一部分。

在我回顧我的職業生涯時，這是段很令我後悔的時期。或許你也記得在自己的生命中有過類似的時刻，那時的你有點任性或自私，把自己孤立於團隊之外而不是幫助球隊，因為故步自封而拒絕學習與進步。在那段時間你能為隊友們做的就是盡可能地離他們越遠越好。

有很長一段時間，我都沉浸在二〇〇六年帶給我的失落中無法自拔，並開始認知到，即使我的隊友們不知情，我的自負依然傷了球隊有多深。而且從根本上來說，也讓

我無法享受這個在世界舞台上打球的機會。不過這就是你與自負之間進行的鬥爭，要打敗它最有力的一步，就是在自省時看見你的自負。一旦你意識到自負是如何阻撓你的進步，就已經朝打敗它邁出了一大步。

二○○八年，我得到了第二次機會：我重返國家隊出征奧運，而這次我秉持著「不管球隊要我做什麼，我都會全力以赴」的心態。我在上一封討論溝通的信中簡單地談過了這段經歷，而我認為現在是時候分享更多我的心路歷程了。在拉斯維加斯舉辦的訓練營結束後，某天晚上，執掌兵符的K教練在晚餐時喝了點酒，接著他朝我走來說了幾句話，具體上他是這麼說的：「嘿，我們在看剪輯影片的時候，我注意到你在防守擋拆時的表現了，你的那對長臂──真的有夠長的啦！」

K教練沒有要求我做任何事，但我接收到的訊息是：「這是一個機會，是我可以有所貢獻的機會。」他沒有說「你在這支球隊會打得像個明星球員」，也沒有說「我會在倒數讀秒的時候把球交到你的手裡」。他沒有說這種話，他說的是一些更踏實的話題。我從中聽到的是，他正在思考我在球隊中會扮演什麼角色，如果我在訓練中的表現令他印象深刻，就更有可能得到上場做出貢獻的機會。幾年前，我只聽得見他人的讚美，其他的話我不是聽不進去就

是不屑一顧，覺得他們根本不懂得「欣賞」我的表現，不知道我在持球攻擊籃框時有著什麼樣的能耐。我從未考慮過我需要做什麼才能爭取更多出賽時間，因為我覺得這些是我應得的。我根本不把門縫般狹窄的機會放在眼裡，也沒有謙虛到願意為了通過這道窄門而用腳卡著它、不讓它關上。

而這種心態上的變化也讓最後的結果有所不同。雖然先發一職由德懷特・霍華出任，但我是長人的第一替補，並抓下全隊最多的籃板球，而且終於把金牌帶回家了。

如果把我們在二〇〇六年輸球全盤歸咎於我被自負蒙蔽了雙眼，或是把我們在二〇〇八年獲勝歸功於我學到如何從替補做出貢獻，這就變成另一種形式的自以為是，而沒有把重點放在團隊上。我們在二〇〇六年輸球、在二〇〇八年贏得金牌有著許多跟我無關的原因，但就我個人而言，這兩屆大賽間不同之處在於：二〇〇六年，不論我繳出多少數據都在傷害球隊；而在二〇〇八年，不管我的數據看起來如何，都對比賽有所貢獻。就算是MJ、科比或勒布朗也不能只靠自己一個人就奪得總冠軍或贏得金牌，但是團隊中的每個成員都有辦法將他對球隊的負面影響轉為正面助益。我在二〇〇八年做到了這一點，也為此感到自豪。

好消息是，調整自我心態永遠不嫌晚。你是個因為自私與沮喪的情緒搞砸了某事並傷害到球隊，然後又不願承認錯誤、道歉並從經驗中成長的人嗎？這也是自負在作祟。但你想在審視自己的行為時對它的正確與否有所認知，並對犯的錯負起責任，聽取建議，然後在下一次做得更好的話，就要謙虛並保持自信。所以不要沉浸在自我感覺裡，不要抗拒他人的建議，要改進自己的缺點。

身為一名球員，我最驕傲的時刻就是戰勝自負的時刻。在二〇一三年總冠軍賽出戰馬刺的第七戰中，我一分未得，但我並沒有為此不滿，而是找出能以防守和籃板做出貢獻的方法。我替我們贏得冠軍而感到自豪，當然，也為自己在比賽中學到的東西感到自豪：我學到的經驗讓我能夠犧牲小我、完成大我。每個孩子都會想像自己是在第七戰中投進致勝球的英雄，但一個成年人要找出即使自己沒有投籃得分也依然能在場上有所作為的方法。聽到這句話你或許會感到驚訝，雖然我在幫助球隊贏球的第七戰中得分掛蛋，卻好像比得到二十分還開心。

當我剛來邁阿密時，我心裡已經擬定好自己想在球隊中獲得什麼樣的戰術定位。我想要在右側區塊拿到球，因為這就是我在多倫多的得分方程式。但史波斯特拉教練的體系並不是如此運作，因此我必須離開我的舒適圈並接受

現實，而我們隊上的每個人也都這麼做了。我們為了讓球隊體系運轉起來都有所犧牲，即使是勒布朗與德韋恩也不例外。

很難回想起當時的感覺，但那時的我並不知道這麼做會不會徒勞無功。在我離開多倫多之前，有個朋友跟我說：「你真的要為了拚總冠軍離開多倫多嗎？贏得總冠軍的人少之又少耶，老兄。留下來吧，你會賺到更多錢，而且這座城市的大家都愛你。」想像一下我選擇離開這裡去邁阿密是個多麼困難的決定，也可以再想像一下，要確保我的決定不會被自負左右又有多困難。我必須努力確保自己是因為正確的原因而選擇離開，也就是說它要和我的「為什麼」搭得上線。我會離開，是因為我真的認為來到這裡能贏得勝利，也願意為了贏而不惜付出一切代價，更因為對我來說勝利比金錢更有價值。我必須婉謝一份高出好幾百萬美金的合約（以及在暴龍的球星地位），而且必須確定我並非出於虛榮或貪婪才做出這個選擇。這是我對自己的賭注，我賭自己和韋德與勒布朗攜手作戰能比在多倫多當老大成就更多霸業。

有些人說他們想贏，但在有人告訴他們該做些什麼才能贏球的時候，像是每個回合都要積極防守、要跳起來衝搶每個籃板球，我卻看到他們拒絕付諸行動。這是我親眼

所見。他們不是想要贏，而是坐享其成。他們只想做一些受人矚目的事，而不願意為了贏球做苦力。他們要的是人前顯貴，卻不想在人後受罪。諷刺的是，在一支常勝軍裡當苦工，比在一支屢戰屢敗的球隊裡當球霸還要光榮得多。

我的隊友肖恩·貝提耶曾說：「沒有人問過我的比賽數據，人們只問過可不可以看我的冠軍戒，並問我是怎麼決定要戴哪一枚的。」說來諷刺：自負會告訴你，所有的榮耀都是你應得的。然而與此同時，你的球隊必須贏球才可能讓你獲得莫大的榮耀。你必須明白，你為胸前的隊名而戰，人們才會記得你繡在球衣背後的名字。

你必須足夠謙虛才分辨得出孰輕孰重，但你的自負不明白這個道理，它總是貪得無厭。在我們加入熱火並首度贏得冠軍後，拉沙德·路易斯（Rashard Lewis）與雷·艾倫也加入了我們球隊。我知道我的出手次數會因此大幅降低，但也是因為球隊裡的每名球員都能認清自己的角色定位，我們才能達成二連霸。

在這段過程中，還必須無視各種告訴我們應該得到更多事物的建議，它告訴我們應該得到更多分數、更多出賽時間與更多的關注。

你知道當你站上最高層級的殿堂後，會有多少人想在

你耳邊出言獻策嗎？數不勝數。想想有多少人在你身旁出主意，把這個數字乘以好幾百萬就可以得到答案了。而這些局外人很可能會說一些「你的持球機會怎麼這麼少？你應該多拿球啊。要是我的話，我早就……」之類的話，讓你自我膨脹。有天晚上，那時在多倫多打球的我還很年輕，遇到某些不順心的事便因此大發雷霆，不是在關起門來的休息室裡，而是在公共場合。就在同一天晚上，便有個朋友告訴我：「我覺得你做得很棒，你要為自己挺身而出。」

人們跟你說這些話通常不是想要傷害你。會跟你說這種話的人大多是你的朋友，他們想替你加油、幫助你在下一場比賽振作起來。但他們沒有想到，他們這麼做是在餵養那頭自負巨獸，破壞了阻止你只想到自己而不顧團隊的枷鎖。這就像有個人想在你節食的時候拿一個起司漢堡給你。如果我真的把朋友鼓勵我發脾氣的那番話聽進去，我會變成一名沒半個正常人想跟我當隊友的球員。

如果你太過沉醉於這種話，你就該知道接下來會發生這樣的事：你會在本應傳球給有空檔的隊友時選擇勉強出手，然後因為得分表現實在太糟糕、在防守時也因為小看對手未盡全力而只能枯坐板凳。

你有辦法無視這些雜音嗎？如果在一場比賽中只能得

到十次出手機會，你是否依然會全力以赴？史蒂夫‧柯爾（Steve Kerr）曾要求總是在七六人出任先發的安德烈‧伊古達拉（Andre Iguodala）擔任替補球員，如果是你，你做得到嗎？如果控球後衛沒有傳球給你，你還會積極回防嗎？你願意在隊友倒在地上時伸出援手，而不是等別人來扶他一把嗎？你願意相信你的教練跟你一樣想贏嗎？你願意去重新學習一些你自以為早已明白的事物嗎？

如果你有辦法做到這些事，那不管你的下一個層級在哪，你都具備了在那個階段取得成功所需的精神力與不會動搖的謙遜。

而當你真的成功時，它就會增強你的自信，而不是你的自負。

自負和自信有什麼不同？

自負是個騙子，不論你的表現如何，它都會跟你說你是最了不起的球員，它總是能把死的說成活的。自信則是一種對你的能力、對你付出的努力所抱持的信念，這有現實作為依據。自信是你投入了努力後，因此希望得到好的回報。

自負會告訴你，你本來就會成功。自信則會告訴你，根據你過去的努力獲得了多少回報來看，你可以合理預期會得到哪些成果。

自負會告訴你，你已經實現了你所需要實現的一切。自信則是隨時為下一個挑戰做好準備，也準備好幫助別人。提到自信，我就想到蘇·柏德（Sue Bird）。柏德贏得了四次WNBA總冠軍，八次入選WNBA年度球隊，十一度被票選為明星球員[1]，分別在歐洲聯賽與俄羅斯拿下了五座冠軍。獲得這麼多的成就，她本來可以心滿意足地退休了，但即使年紀日漸增長，她卻依然年復一年地脫胎換骨，還加入了丹佛金塊隊的管理層，並與未婚妻梅根·拉皮諾（megan Rapinoe）出面捍衛男女同工同酬與LGBTQ的權利。這就是一種自然而然產生的自信。

　　把自負誤認為自信是每個層級都會發生的事，甚至還有人為此拍攝了紀錄片。我認識許多天賦足以在NBA立足，卻有著無藥可救大頭症的籃球員，因此功虧一簣。他們就像是在長跑比賽中還有一圈要跑時就開始對著人群秀肌肉，然後……甚至沒注意到自己已經落居最後一名的跑者。其他人都低著頭認真跑步，接著把他們甩在後頭。

　　我已經跟你說過這句話了，但現在我要再說一次，把它說清楚：只有天分是不夠的。有天分打NBA但心態不夠格的球員，人數都多得可以再組一個聯盟了。

　　無論你的目標是什麼，你都有能力從現在開始培養出

1　　　譯註：加上二〇二一年為十二次。

相同的態度，也就是自信而不是自負的心態。每次做決定的時候，你都該自我評估一下，問問自己：「我現在是不是很自以為是？有沒有把個人的利益置於團隊的利益之上？該怎麼做才能當一個更好的隊友？」

許多年以前，派特·萊里出了一本書名是《邁向顛峰》（*The Winner Within*）的書。他把自負稱為「我的一種病」，我覺得這句話形容得很棒，而他還提到將勝隊與敗隊、有天分和沒天分的球員間區分開來的是同一種價值觀。當然，如果你遇到派特，會發現他的求勝欲望和別人一樣強烈。他希望他的球隊知道他們能做到什麼事。但這句話有個關鍵字：他們，而不是我、我、我。

成功需要的是自信，自負則會毒害你的成就。年輕運動員最需要明白的就是兩者之間的差異，在你的運動生涯中，沒有任何事物會比你學到的這一課對你的人生來得更有幫助。

領導有方

Leaders Lead

　　我們會用下面這句話來描述群龍無首的球隊。

　　我們會說他們是失敗的球隊。

　　因為只要球隊沒有一個能跳出來帶領球隊的人，這支球隊就沒有辦法前進。而所謂的領導者，並非只有球衣上繡有C字的隊長（Captain）才能勝任。

　　我和你一樣，這一輩子都在聽人們討論何謂領導能力。每本運動員出的書或是討論運動員的書都一定有個章節在討論領導統御；每部運動紀錄片都會把焦點放在比賽中或球季間的關鍵時刻，某人挺身說出了切中要點的一番話上。某個人在休息室、在中場休息時、在教室裡清楚地

分析當下的處境，並一語驚醒夢中人，這也是每部體育電影中一定會有的場景。

事實上，沒有人能輕易地定義何謂領導能力。當大多數有在關注體育的人在討論領導能力時，他們會想到那個隊友會把關鍵一擊傳給他來投的人，也就是球隊中最好的球員。或者，他們可能會想到聲音最響亮、總是在暫停時間對著隊友咆哮的球員。希望我這麼說不會嚇到你，畢竟我知道剛剛才跟你討論過溝通的重要。

所謂的領導，不是只有站出來發聲而已。

對我來說，一個領導者是一個在球場上、在教室裡、在鄰里間、在危機中、在他們看到有人被霸凌的時候、在他們看到商業機會的時候，挺身而出解決事件的人，也就是時勢造就的英雄。

這些不一而同的情況需要因事件而異的領導能力，但它們有個共通點，就是要有某個人來搞定某件事。

問題是：你是那個人嗎？

我記得在我十六歲那年，校隊一軍的教練里奧納德・畢夏普（Leonard Bishop）把我叫去他的辦公室面談。很多球員都和畢夏普教練有過這樣的對談，這也是古往今來在各種運動中，許多球員和教練都會進行的對話。教練們試圖藉由這樣的面談引導出球員的領導力，不是每個球員都

有被予以重任的機會，也不是每個球員都能回應教練的期待，而我可以告訴你，如果沒有這種被你敬重的對象看見潛力、並告訴你是時候挺身而出的經歷，你就不可能成為一名優秀的球員。

　　畢夏普教練開始對我細數這些年以來他執教過的優秀球員，並告訴我他們如何站出來帶領球隊朝目標前進。「我們通常會覺得球隊領袖是最敢怒敢言的選手，但你知道嗎？」他對我說，「你有另一種領導風格，你是個以身作則的人。」他讓我明白不必是講話最大聲的人也可以當領導者，也讓我知道即使我沒有開口，隊友們也在注意著我的一舉一動。

　　我以前是個沉默寡言的孩子。由於畢夏普教練是個優秀的指導者，也非常了解我的為人，所以知道如何對我因材施教。他告訴我，我不必講出一番激勵人心的大道理，也可以藉由準時練球與上課、全力以赴、在每一次練習前都整裝待發且做好準備、做一個優秀的公民、努力訓練、展現自己的決心、展現自己是個不斷在學習並想要進步的人、聽取並給予建議、成為受人景仰的人，用自己獨有的方式鼓舞、指引並帶領這支球隊。

　　人們始終在關注著領導者、觀察著他們的言行舉止，就連沒有比賽的時候也一樣。這些都是可以做為榜樣、帶

領大家的方法，也是特別適合我的領導方式。畢夏普教練對我說，他對我的期望就是以這種風格領導這支球隊。

這對我來說不是負擔，更像是一種榮耀。我離開那個房間時，內心澎湃得讓我覺得自己有三百公分高。而這也是我至今仍在思考的一段話。

通常在我們的腦海裡浮現領袖一詞時，就會想到站在行進的人群裡最前方的人，像是發表演說來激勵球員的教練、拿著擴音器帶領民眾抗議的人。沒錯，他們都是領袖。但也許是因為這種領導風格在螢幕上看起來最引人注目，令這樣的文化錯誤地限制了我們對於領袖氣質的想像。即使你不是這種人，還是可以當一名領導者。領導者可以默默地樹立榜樣，替身邊的人打下基礎，在遇到難關時扛起球隊。領導者會支持隊友，而不是要隊友們擁戴自己，他們會融入這支球隊，使球隊變得更好。

我喜歡這句話：你必須學會如何服膺他人的帶領，才能了解怎麼帶領別人。我真的相信這個論點。如果你不知道怎麼當個好的追隨者，就永遠無法深入你想要帶領的人們的內心。

有些人以穩定地拿下全隊最高分、並在讀秒時刻投進關鍵一擊的方式帶領球隊，但也有些領導者是在休息室或大家圍成一圈時以智慧安撫人心。從電視上看比賽的話，

你看不出來誰是這樣的人，但他們的隊友知道。當我還在暴龍陣中時，達瑞克‧馬丁（Darrick Martin）就是最常被我們徵詢建議的老大哥之一。他從來不是數據最亮眼或是出賽時間最久的球員，但他讓我明白這些都不是帶領球隊的必要條件。他是一位完美的職業球員、一個能穩定軍心的存在、一名在聯盟中見過大風大浪的老將，會要求每個年輕球員在訓練時都要把動作做確實，也會在練球結束後召集大家一起聚餐。

當我來到熱火時，我們的休息室領袖是朱旺‧霍華德。在我們成為隊友的時候，他的職業生涯已經來到尾聲。他的出賽時間不多，在我們二連霸那年，更是幾乎整年比賽都穿著西裝高掛免戰牌。即使他不需要上場了，卻依然比任何人都早到體育館。每天早上他都會在跑步機上跑步、重訓，並在球隊練球前後進行投籃訓練。他明白：「我不會太常上場比賽，但我要讓這些傢伙知道，為了贏得總冠軍必須付出多大的努力。」他也了解要有人來扮演這個角色，每一天都拚盡全力在訓練。論持之以恆，在和我當過隊友以及與我共事過的人中，就算他沒有獨占鰲頭，也絕對是最有毅力的球員之一。如果連不會上場的他都這麼努力了，那其他人更沒有不努力的理由。

你不會在數據上看到這項特質，但每支球隊都會慶幸

擁有一位和達瑞克・馬丁與朱旺・霍華德一樣的球員。

　　事實上，有些歷史上赫赫有名的領導者也沒有在球場上繳出主宰全場的數據。幾年前，山姆・沃克（Sam Walker）寫過一本關於運動場上的領導統御、名為《怪物隊長領導學》（*The Captain Class*）的書，書中明確指出在各項運動領域中率領著史上最成功球隊的領導者有哪些特徵。「這幾支球隊中的『神人隊長』並不一定是最顯眼的人，」沃克說，「他們之中幾乎沒有人是明星球員，反而都在做苦工。」

　　舉例來說，大家都知道美國女子足球隊在一九九九年贏得世界盃冠軍前，也主宰了各大國際賽事。「不過你要是問別人這支球隊的隊長是誰，」沃克指出，「你問一百個人，也很可能沒人能答得出是卡拉・奧弗貝克（Carla Overbeck）。他們甚至根本不記得她的名字，而這很大程度是因為這就是她想要的結果。」奧弗貝克在球隊中並不是最有天賦的球員，但她是一位善於傳球、具有職業素養與驚人耐力的防守者。在上下巴士時，她會幫隊友扛行李。她曾連續出賽三千五百四十七分鐘都沒有下場，甚至頂著腳趾骨折的傷勢，比每個隊友都更賣力地在場上奔馳著。奧弗貝克並不是球隊中最耀眼的球員，但她毫無疑問是最值得依賴的選手。

這就是她是隊長的原因，這就是為什麼人們願意跟隨她的領導。大多時候，她甚至不用說話，只要指出方向、邁出第一步，人們就會相信她知道正確的路在哪。

　　真正能考驗出領導能力的不是看誰繳出了最漂亮的數據，而是在事態不妙時看隊友尋求誰的意見。一個優秀的領袖可以帶領球隊度過難關，他們會展現出解決問題並使比賽或球季重回正軌所需的態度。當手感正順、戰績一路長紅、舉起獎盃時，任何人都可以看起來像個領袖；但能在局面最糟糕的時候挺身而出，才是真正的領導者。

　　我記得來到邁阿密的第一年，在我們組成三巨頭的第一個明星週過後，球隊開始朝季後賽進軍，卻在前七場比賽輸了六場。我們被媒體砲轟得體無完膚，好像我們什麼事都做不好，局面已經失控。我們依然保持著正面的心態，但看起來打得有些意興闌珊。這一切更在星期日下午於主場以一分差敗給公牛後雪上加霜，我們在公牛把暫停用完的最後二十五秒連續犯規了兩次，也因此讓煮熟的鴨子飛了。問題是，輸掉這場球代表的不僅僅是一場慘痛的敗仗而已，我們在前一個禮拜也被公牛打敗過，所以他們在我們的主場贏得這場勝利後，也在例行賽與我們的交手中取得全勝，並讓他們再接再厲，在球季後半段打出一波二十四勝四負的戰績，奪走了我們的第一種子。顯而易

見，我們處在媒體最喜歡落井下石的低潮期。

我還記得隔天練球時在勒布朗臉上看到的表情，我想說的不是他臉有多臭，畢竟當下沒有人開心得起來，而是他身上散發出他將會扭轉頹勢的某些氣息，代表他已經調整好心態，我們只要跟得上他的全力就好了。那次練習因為他的關係，打出了令人振奮的強度。對全隊所有人而言，此時最需要看到的就是球場上最好的球員全速衝刺並投入激情與全力在帶領這支球隊。我們都為了爭搶地板球而撲倒在地、製造進攻犯規，將一些看起來很普通的訓練也提升到與他相仿的高強度。領導者要做的是重新打好基礎，而不只是在球隊贏球且風平浪靜的時候吹捧隊友。一個領導者要在其他人可能會崩潰的時候表現出鎮定。勒布朗不需要多說什麼，只需要身先士卒並相信我們會跟隨他就能提振我們的士氣。我們做到了。兩個月後，我們在東區冠軍賽再度與公牛狹路相逢。這時的我們已經是一支和過去不同的球隊，最後輕鬆地以系列賽四比一的成績淘汰他們。在他們主場舉行的關門戰，勒布朗、韋德和我都拿了二十分以上。

以身作則的重要性被嚴重低估了。準時就是一種以身作則。想要求你的同伴準時，靠的不是囉嗦和命令，而是你準時到場所傳遞出的力量。我總是喜歡在訓練前便整裝

待發，如此一來在教練吹哨後，我就能當第一個走上球場的人，做好練球的準備。照顧好自己、吃對食物、並在該休息的時間睡覺以達到最佳狀態，也是一種以身作則。以身作則，代表的是你以職業素養樹立一個希望隊友效法的標準，從這些小事開始做起，日復一日地做給大家看。

你不必每天發表一段「為吉普贏一場球」的演說[1]，也能夠做好榜樣。這其實是誤解，只有在電影裡才會這麼演。溝通很重要，但每天花個幾小時和大家一起練球更是該死地重要。如果你和我一樣是個話不多的人，那麼你開金口的時候就會發揮巨大的影響力。我很喜歡史波斯特拉教練曾對我說過的這些話：「CB不常說話，但他知道該在什麼時候發聲。他知道應該要在什麼時候打開開關。」這句話真的讓我覺得他懂我。我希望我的話能有影響力，這代表我得把話留在適當的時候再講。這就是史波所說的「開關」。如果我需要在事情走向不對的方向時當面批評隊友，我知道他會願意聆聽我的意見，因為我只有在事情真

1　　譯註：此為一九四〇年上映的電影《Knute Rockne: All American》中，聖母大學球員喬治・吉普（George Gipp）在過世前對傳奇教練克努特・羅克尼（Knute Rockne）講的經典台詞。幾年後，羅克尼用吉普的這番遺言來激勵他的球隊，而當時扮演吉普的演員就是日後成為美國總統的雷根（Ronald Reagan）。不過據說現實中的吉普並沒有對羅克尼教練說過這句話，很喜歡這段台詞的雷根也認為這可能是羅克尼編造的故事，但他覺得真偽與否並不重要，有刺激到球隊才是重點。

的很大條的時候才會大聲說話。

　　但正如並非每個領導者都是疾言厲色、想主導一切的球員，也不是每個領導人都是沉默寡言、身體力行的類型。

　　有些人會熟記影片與戰術的內容，可以精準無比地告訴你在哪種情況下對手會在進攻端如何配合，他們就像球場上的另一個教練，全盤了解球隊和對手的作戰計畫。有些四分衛儘管早已拿到一份巨額合約並手握好幾枚冠軍戒，卻還是會在凌晨兩點時打電話給他們的替補，討論一些在戰術本裡面比較少用到的打法。他們會這麼做是因為他們為了勝利而全心投入，因為他們還想吸收新知，也為了展現出何謂領袖氣質與傾力奉獻。

　　有些人也能對比賽中隊友的情緒起伏展現出高度的同理心，當你處於低潮期或打出一場糟糕的表現時，他們是第一個來幫你打氣的人。在你達成一個個人的生涯里程碑時，他們也會在第一時間與你一起慶祝。

　　有些老將的經驗實在太過豐富，所以根本沒什麼狀況能嚇得倒他們，而他們會將這種臨危不亂的冷靜與智慧教給身邊的隊友們。

　　有時候球隊中的領導者不只一個，他們有好幾個核心球員，每個人都清楚什麼時候是輪到自己站出來的時候。

事實上，如果你們隊上的每個人都能夠控制好自己的自負，那我覺得一個球隊中有多少領導者都不嫌多。

有時候領導者要做的事很簡單，像是舉辦一場邀請隊友來參加的派對，花一點時間來建立起球場之外的聯繫。在熱火隊，我們有個慣例，就是在遠征客場時每天至少一起吃一頓飯。就算我們在凌晨三點才抵達目的地也沒關係，我們可以在早上十點起床吃早餐。領導者在這個時候要做的事也很單純，就是即使還想賴在床上，但依然做好和大家一起共進早餐的準備。

就算你不喜歡，這些元素都是非常重要的無形資產，我向你保證，你一定知道欠缺這些要素的球隊會呈現出什麼樣的風貌：這支球隊會沒辦法順利運作，無精打采且無所適從。你會很驚訝地發現這種現象在沒有建立起這種聯繫，也就是隊友沒有拜訪過彼此的家、不知道彼此孩子的名字、在休息室中沒有任何交流的球隊中有多麼司空見慣。

當然，你可以說：「這是一門生意。你們該當的是同事，不是朋友。」這種心態在事情進展順利時行得通，但是在諸事不順、在你需要與隊友討論問題所在與並協調如何解決的時候，你會發現抱持著這種態度的球隊經不起這些考驗。你可能聽過這句話：「沒有人會在乎你說什麼，直

到他們知道你有多在乎。」一般而言，如果有人只把你當成機器裡的齒輪，你根本不會想聽他的話。領導者把他們的隊友當成有血有肉的人，而不是當成齒輪看待，這不是因為他們的為人特別好，而是因為他們知道，如果想激勵大家挺身而出，就應該要這麼做。

我們熱衷並參與體育賽事的方式，使我們期待能出現一種一體適用的領導風格：如果一個領導者的作為不能隨時符合某個特定的框架，那他就是個失敗的領導者。但這與我在最高層級聯賽中所體驗到的不同，現實世界不但更豐富也更複雜。由於比賽帶給了我們各式各樣的挑戰，因此任何人都能在需要他們有所貢獻的時候站出來帶領大家。我這麼說不是指阿貓阿狗都能當領袖，好像人人有獎一樣輕鬆愉快，而是明白人生比一部體育電影複雜多了，在休息室裡發表一場了不起的演說就能扭轉局勢的情節只會出現在電影裡。

不過，無論你適合哪種領導風格，都要做好改變的準備。我數不清我的領導方針在職業生涯中變過了多少次。我努力地想擁有穩如泰山、值得依靠、好勝心強、積極向上等特質，以成為一名他人景仰的球員，這是我的目標。但是，該如何實踐這些領導特質的具體作法卻一直在變化。

就算你對自己目前在團隊中擔任的角色感到滿意，他人對你的期待也可能會隨著你周圍情況的改變而改變。就算在他人眼中你是個「沉默的人」，也可以在你覺得有必要時出聲領導大家。如果你平常很安靜，說出來的話會格外有力，因為大家會覺得你有認真嚴肅的話要說，才會把它講出來。

　　這是我在多倫多學到的一種領導方式。我學到默默當大家的榜樣很好，但有時候球隊也需要我站出來改變團隊的氛圍，所以我也很努力在加強自己這方面的能力。大家知道我平時不是個輕易發怒的人，因此當我真的火冒三丈的時候，大家就會繃緊神經。

　　來到邁阿密，我不得不再次改變我的領導風格。我成為了三巨頭的一份子，這代表我得扮演一個有時候要退居二線的角色。當你有隊友跟韋德和勒布朗一樣，是被大家公認的領袖時，你很可能變成一個什麼都無所謂、別人說什麼你就跟著做什麼的人。但我將畢夏普教練說過的話謹記在心，就是不管做什麼事，你都能夠為人表率。我可以向身邊的人展示自己對球隊的藍圖有信心，相信在勒布朗和德韋恩發現我想要出手時給我一個機會。

　　在防守端，我確保自己始終會出現在正確的位子上，如果沒有，我就會為自己的錯誤負起責任。我很自豪自己

在防守時是在球場上聲音最大的人，因為我知道如何在防守端建立起隊友間的共識，幫助球隊加強防守。如果有我固守防線，勒布朗和德韋恩就能夠更放心地去抄球，製造更多快攻灌籃的機會。我想讓隊友知道，只要我說我會移動到哪個位置，就一定會出現在那裡。這就是幫助我在邁阿密成為一個更好的領導者的方式。這對我來說是全新的體驗，但我知道這會對我們球隊的成功有所貢獻。

帶領一個團隊就是這樣：總是有變故發生。當一個領導者，就代表你必須願意為了球隊的需求在任何時刻做出改變。無論是哪個人在哪一天站出來有所表現，也不論你的領導風格隨著時間而有著什麼樣的變化，一名領導者都該確保團隊精神完好無損。一支冠軍隊就該有冠軍的態度，領導者不能讓消極情緒滲透進來，也不會讓隊友看到他們屈服於此。

作為一個領袖，要了解你的隊友、和他們每個人對話，讓他們知道他們都很重要。但是我們之中有多少人能夠不受自我的主觀意識影響而深入了解自己的隊友？這就是為什麼當一個領導者是件不簡單的事，因為你要在未必情願的時候強迫自己融入群體和離開舒適圈。

領導者在當追隨者時也要做個好榜樣，要可以接受教練或其他隊友的命令和建議，並能夠向隊友展示出他們拋

開自負的一面。

　　即使是在自己不願意的時候，領導者也會透過言行激勵他們的隊友。他們會在遇到像是手感低迷、連戰連敗的難關時鼓勵大家。他們已經做好在批評的聲浪中首當其衝的準備，因為他們有足夠的信心來面對批評，這代表有時候會接受到不公平的評價，但領導者就是要有辦法克服它。

　　領導者並非永遠都是對的，而他們之所以有公信力，有一部分原因是他們願意承認自己的錯誤。二〇一五年，當我還是熱火的一員時，我記得我在球隊作客猶他時與史波斯特拉發生了激烈的爭執。那段時間我在球場之外的生活很不順遂，而我把這種不順心的情緒帶到了球場上。我知道我在那次交談中說了一些讓他不太開心的話。這就是比賽的一部分，你有時候就是會情緒失控，並因此被它影響。我們最終輸掉了這場比賽，尤其令人沮喪的是我們隨後要前往金州面對強敵，錯失一個贏球的良機沒有人開心得起來。[2]

　　但史波知道事情不能過了就算了。身為球隊的領導者，確保我們把問題給解決是他的工作。然而因為我也是球隊的領導者，因此即使在艱難的處境中，我也得展現出

2　　譯註：兩場比賽的確切時間應為二〇一六年一月九日與十一日。

更好的態度才能當隊友的榜樣。隔天開始練球前，我和史波共進早餐，討論這個問題，並想出一個能解決現況的計畫。他大可放任事情變得更尷尬和更糟，但他沒有這麼做，而是選擇了更困難的做法，也就是透過實際行動來處理問題。我們一邊吃著蛋，一邊討論出解決方案，然後就去練球。而在觀看剪輯影片前，我站在全體隊友面前為我的行為道歉。

如果我說這是件很輕鬆的事，那就是在說謊。承認自己的錯誤從來都非易事。但身為一名領導者，我知道我有義務解決這種他人刻意迴避的麻煩。我知道這也是領袖風範的定義之一：如果你想要糾正他人的錯誤，就要準備好承認自己的錯誤。而史波讓這件事變得更簡單，因為他和我面對面把彼此的心結解開，而不是放任它惡化成仇恨。我們最關心的就是贏球，也知道只有幫助彼此我們才能成功，而這種共識幫助我們放下了自傲的心氣。

這是畢夏普教練在我剛開始當領袖時告訴我的另一件事：團隊有集體意識，有一個集體靈魂。領導者與這個精神脣齒相依，並知道要如何令它保持積極正向。即使是最偉大的領導者，也知道他們隸屬於某種比自己更偉大的事物之下。

同樣的道理，領導力的概念也比你想像中與很多人口

中提及的更為宏觀。如果你還在等一個偉大的領袖走進門來引導大家，或因為自己不符合心目中某些對於領導者的刻板印象，令你覺得自己天生就不是當領袖的料，那就大錯特錯了。不要期待別人承擔領袖的責任，不要只是痴痴等待著自己何時能蛻變為優秀的領導者，不要期望會有一個能力超群的領導人橫空出世並指引你道路、分享祕密卷軸或是你想像中的寶盒裡的知識。在大多數的情況下，這樣的人並不存在。

但有你在啊！你的技術、求勝意志與當一個領導者的潛能都是貨真價實的存在，要如何運用它們就取決於你了。

無論是在業餘聯盟還是最高層級的殿堂、這個球季要放眼冠軍還是迄今一勝難求；不管你的球隊現在身處於什麼位置，都要有一個領導者。每個團隊都是如此，而每個人都有能力在球隊需要時挺身而出帶領大家。現在，你也可以當一個領導者，在球隊需要你時奮勇向前。

自我管理很重要

Take Care of Yourself

　　與勒布朗・詹姆士一起打球代表我有幸近距離觀察一位史上最佳的籃球選手。我看到了許多電視機前的球迷看到的東西，但在螢光幕外，我也看到勒布朗之所以能成為勒布朗是因為除了天賦之外，他還是個多麼有自我要求與規範的人。

　　這很重要，因為我們傾向於認定英雄是天生而非後天養成，也忘了運動員的體態不僅要調整，更要維持。如果一名球員沒有搞清楚如何保養與保護自己的身體，就沒有辦法永遠保持在最佳狀態。

　　成為邁阿密熱火隊一員的感覺很棒，我和隊友們建立

了平等互惠的關係。我們常常一起閒晃、晚上熬夜打牌，有時候則會出門玩耍、參加盛大的派對。

但在剛加入熱火的這段時間裡，勒布朗做伸展運動的這件事在我腦海裡烙下了深刻的印象。他有個固定要做三十分鐘伸展運動的慣例，他告訴我他每天早上起床都會伸展，然後晚上睡覺前會再伸展一次。除此之外，他在重訓、練球與比賽前後也都會做這些伸展操。有一次，我看到勒布朗在打牌的時候站起來拉筋，以確定自己的伸展運動有做到一定的量。我都數不清自己看過勒布朗做過多少次伸展運動了，一千次？還是超過？

如果你從來沒有去過NBA的球員休息室，我可以告訴你每個人都會做伸展運動，但是勒布朗對於伸展的投入遠遠超過了聯盟裡的其他球員。他說他在剛開始打球時受到一位教練的啟發，這位教練告訴他：「能灌籃很棒，但如果你之後還想要繼續灌籃，就要做伸展運動。」他把這句話記在心裡……不過我們常常拿這件事來取笑他。而且不只伸展，勒布朗從高中開始就會每天冰敷膝蓋三十分鐘。

我在還是個青少年的時候，也有人告訴我要做伸展運動。但在你年紀輕輕的時候，你根本不會把它放在心上。因為你的身體很柔軟、很有彈性，以至於你對此漫不經心，甚至隨意糟蹋自己的身體。在我年輕的時候，根本沒

想過要如何延長我的職業生涯，沒有考慮過要如何縮短我的恢復時間，也沒想到會在年紀大的時候後悔。兄弟，我甚至不覺得自己的身體會老化。我當時每天打完球後只想著直接回家，覺得有什麼傷痛忍一忍就過去了，把自己當成永遠不老的年輕人。早點到球場在比賽開始前拉筋？在比賽後留下來伸展？誰有這種閒工夫啊？

高中時，我和夥伴們經常在比賽前吃麥當勞的四分之一磅漢堡，而愛吃速食的也不只我們。多年以來，多選擇、大份量、大空間、高卡路里、價格實惠的芝樂坊餐館（The Cheesecake Factory）都是最受NFL球員歡迎的餐廳。而這些在NFL打球的球員是由什麼樣的人組成？一群二十幾歲的大個子。

我後來戒掉了這個吃四分之一磅漢堡的習慣，我父親總是說吃這些漢堡就像「把普通汽油加進法拉利」，但現在還是有很多運動員有這種不忌口或者類似的心態。

別誤會，我喜歡吃冰淇淋，也喜歡吃士力架巧克力棒、四分之一磅漢堡，我並沒有發誓再也不碰這些食物了，而是學會如何在適度的情況下享用它們，因為我願意為了贏得總冠軍忍痛放棄一點吃冰淇淋的機會，而不是因為想吃什麼就吃什麼，令我沒辦法完全發揮自己的潛力。

誠然，即使你沒花多少心思來保養自己的身體，也可

能會得到一段長久的職業生涯。但真正優秀的球員，像是年復一年在維持最佳狀態的勒布朗與湯姆・布萊迪等人，會為此投入額外的心力。在邁阿密，德韋恩與勒布朗對於保養的重視程度令我大開眼界，他們令我明白我的身體就是我的資產。還有雷・艾倫，因為他差不多大我十歲，所以總是在討論新的醫療方式、治療途徑與任何能讓你恢復得更快的事物。遲早有一天你會在球場上感受到有沒有好好保護自己的差異，而它也是決定你的生涯顛峰能維持幾個球季的最重要關鍵。

這麼想好了：假設你有一家工廠，裡面的建物與器材就是你的資本，而你藉由這些資本生產出來的產品來幫公司賺錢。如果你把部分利潤拿回來投資工廠，像是買新的機器或是維修故障的器材，就可以用它們來繼續賺錢。如果你買了效率更高的機器，甚至有可能比之前賺得更多。反之，要是你忽略了這方面的投資，最後這些機器就會老化然後故障，到時候你的工廠就會倒閉。

如果你是一名運動員，那麼你的身體就是你的工廠。而且我們知道它與心智之間有所連結，因此它不僅是讓你能在體育競賽中大放異彩的資本，更能被運用在生活的其他領域之中。如果你是一名職業選手，那麼投資這項資產就真的能給你帶來金錢上的回饋。就算你不是，投資自己

的身體也還是有它的效果在：你可以辨別得出自己到底有沒有繳出最佳的表現。無論你是不是職業選手，身為一名運動員，你的身體都是你最大的資產。你必須保護它，也必須投資它。如果不這麼做，它的價值肯定會隨著時間而下降。

人們常說運動員都是天賦異稟的人，也許從某種程度而言我們的確是如此，但這並不能改變一個事實，那就是每個聯盟中的男選手或女選手都是基因得到上天眷顧的人。你正在與這些同樣受到神明垂青的人們競爭，所以如果你不努力、不以崇敬之心珍惜你的天賦，會發生什麼事？

兄弟，它將不復存在。

如果你不對此進行投資，那麼一定會出現一個有投資自己身體的人跟你競爭。現在不是貝比魯斯（Babe Ruth）的時代，對手可不會在穿上球衣上場打球之前，還大吃熱狗、抽根雪茄。時代的標準在變化，而且現在能在球場之外幫你維護身心的科技越來越發達了。如果你沒有跟上，那其他跟上的人就會把你甩在後面。

幾年前，比爾・西蒙斯（Bill Simmons）曾在Podcast節目上討論他與勒布朗的商業夥伴麥福瑞克・卡特（Maverick Carter）的對話。卡特估算勒布朗為了維持自己

的身體狀態，每年花費一百五十萬美元聘請私人廚師、按摩師，改善睡眠習慣，甚至還依照球隊訓練設施的規模在家裡蓋了一座體育館。聽到這些投入的時間、精力與金錢，令西蒙斯感到十分震撼。

這聽起來很瘋狂，但如果你和他一樣認真保養自己的身體，將它當作令自己能持續君臨所處的運動領域中的投資，就不會這麼覺得了。以金流的角度來看，如果勒布朗無法讓自己保持在最佳狀態，他就沒辦法年復一年地賺進數千萬美金的薪水與代言合約。因此不論是從經濟層面還是場上的成就來判斷，投入這些心力在自我管理上絕對值得。

如果你曾好奇過像勒布朗這樣的人為什麼能長時間如此耐戰，那這就是答案。同樣的答案也能解釋為什麼一級方程式的賽車能衝得這麼快、為什麼純種賽馬能經得起連日比賽的煎熬。

一樣，基因是一部分的原因，但就只是一部分而已。當然，天分也是一部分的原因，但也只是一部分而已。另一個部分，同樣是現階段更重要的部分，就是學術的領域，是為了保護有價值的資產而投入的時間與精力。

照顧好你的身體、你工廠裡的機器是一門學問。勒布朗之所以如此耐操，是因為他為此下了功夫。他在保養身

體方面所投入的努力跟他投入在禁區腳步或是跳投上的心力一樣多。你覺得他會不讀這方面的書嗎？會不尋求他人的意見嗎？二十年來都不需要睜大眼睛、學習相關知識嗎？心智不但像肌肉一樣在運轉，更還要協助其他肌肉進行運作。

　　總冠軍賽中，勒布朗每場比賽都要拚盡全力、奮戰四十分鐘以上，然後還要搭上橫跨全美的飛機，接著在不到四十八小時後繼續打下一場比賽。幾年前，在他重返克里夫蘭打球的時候，有位體適能專家在一份針對他恢復體能的例行事務所做的報告中指出，勒布朗的身體在總冠軍賽對決勇士時所承受的負荷就跟參加環法自行車賽這項以艱辛著稱的自行車賽事差不多。在比賽結束後，勒布朗恢復體能地例程便隨即展開。除了要補充能量飲料、蛋白質和碳水化合物之外，還要泡冰浴，接受這種被他稱為「在邊境受到的拷問」的治療。在飛機上，他不但會猛灌能量飲料，還會接受按摩和電療，然後根據《商業內幕》（*Business Insider*）的記者寇克・蓋恩斯（Cork Gaines）表示，他還會繼續做這些事：

　　　　從舊金山起飛的航班在早上六點半於克里夫蘭
　　　著陸，這時，詹姆士會回家睡一覺，然後在下午一

點回到球隊的訓練場館。

距離比賽開始還有大約三十個小時，詹姆士開始踩健身腳踏車，並進行冷熱交替療法。

兩個鐘頭後，詹姆士回到家與他的個人訓練師麥克·曼西亞斯（Mike Mancias）碰面，然後兩人會進行為時四小時的「治療、按摩與康復訓練」療程。

問題是，球迷們很少看到比賽的這個面向。他們看到我們在賽前流點汗、熱個身、投個籃，然後慢慢跑到場中央準備跳球，便覺得這就是職業球員的日常。在他們眼中，我們在球場上來回奔馳好幾個小時似乎就已經夠辛苦了。但跟有些人只有在上班時間才會來公司不同，我們不是只有在比賽時才會出現在球場上。如果比賽是在七點開打，那我們大概四點、最晚五點就要到了。我希望自己在比賽開始前至少有兩個小時可以投籃。有些人甚至更早來，像雷常常在三點左右就來了。

而在比賽結束後，還要冰敷、治療、照護你的身體在那天所受到的傷。你的身體剛剛經歷了一番大量的耗損，因此你需要諮詢訓練師，接著開始進行治療。在終場的哨音響起後，不管勝負如何，你都還要花上幾個小時的時間

做這些事。

去客場時，你也得做這些麻煩事，在客場打球可不是比賽後沖個澡就可以出發去夜總會玩樂了。我們不是在過那種打卡上下班的生活，不管球員工會怎麼規定，你都要做完所有該做的事情才能離開。你剛剛有扭到腳、手指有吃蘿蔔或挫傷嗎？有的話，你就要加班了。如果你真的想照顧好自己的身體，就要在家裡額外做伸展運動、進行重量訓練並控制飲食。

再舉另一位偉大球員為例，你可能已經聽過湯姆・布萊迪為了保持優異的體態所投入的心力，這使他在四十幾歲時還能以最佳狀態在球場上奮戰。他和勒布朗一樣癡迷於伸展運動與維持身體的柔軟度。不過正如朱莉婭・貝魯茲（Julia Belluz）為《Vox》網站所寫，飲食才是最重要的：

> 布萊迪的飲食大多以有機、當地食材與植物性飲食為主，他不吃高加工食品。早上，他會先喝二十盎司「富含電解質的水」，然後吃水果冰沙，接著在訓練過後補充水份和高蛋白奶昔。他的午餐基本上都是吃魚和青菜，下午則會吃水果、蛋白質營養棒和更大量的高蛋白奶昔當點心；晚餐，他會繼

續吃蔬菜，有時也會喝一點湯。

　　比布萊迪吃了什麼更值得一提的是他不吃什麼。他避免飲酒，也不吃含麩質的麵包和麵食、早餐麥片、玉米、含有基因改造成分的食物、高果糖漿、糖、代糖、大豆、蔬果汁、穀類食品、果醬、果凍、大部分的食用油、微波食品、鹹味點心、含糖點心、含糖飲料、白皮馬鈴薯以及預先包裝好的調味品，像是番茄醬和醬油。

　　沒錯，布萊迪堅信有些食物可以吃、有些則否，像是番茄，他更是連碰都不會碰。這樣的信念在他身上產生了效果，而它之所以能發揮成效，或許有很大部分得歸因於他的堅持與養成的習慣。

　　我可以更肯定地告訴你，盡可能地吃蔬菜和水果、遠離加工食品不會有錯。我還可以告訴你，如果你沒有像布萊迪一般致力於調整飲食、攝取營養和鍛鍊，就不可能和他一樣在職業賽場上如此長青。

　　我試著像這樣的人學習。我以前不覺得投資自己的身體和健康需要花到七位數的錢，但看到勒布朗、德韋恩和雷這些人如此小心翼翼地照顧自己的身體後，我開始更加認真地進行自我保健。當我還在多倫多打球時，我幾乎從

來沒有考慮過這些問題，主要是因為當時的NBA還沒有真正察覺到續航力與自我保健的重要性，只有想多活幾年的老人們才會想這些事。如果你和我一樣是年輕球員，甚至在當時還不能對此多做討論。我記得，假如你的年紀尚輕，就連想在按摩台上多做一點推拿，都會有老將告訴你：「你還年輕，不需要。」

真的，「你還年輕，不用顧身體」大概會是你聽過的蠢話中最瘋狂的一個。但在我剛進到這個聯盟時，這就是當時的文化。不過就算是這樣，聽到這句話的時候我還是覺得莫名其妙。

來到邁阿密與德韋恩和勒布朗聚首，並看到他們投入了多少心力於此，有時仍會令我不禁心想：「天啊，我都沒做過這種事。」運動員應該盡其所能地認真對待比賽和自己的身體，只有這樣才能盡可能地延長你的黃金時期，讓你整個職業生涯的大部分時間都能處在巔峰，而不是只有一、兩年能維持最犀利的狀態。聘請私人廚師、養成做伸展運動、冰敷與按摩的習慣，堪稱是我在職業生涯中做過最好的幾個決定。

我在職業生涯後期養成了另一個習慣，就是會在晚上睡覺前冥想，這樣我就能放下一整天的紛擾，好好睡一覺。我會閉起眼睛並練習呼吸，或是藉由看書來放鬆。做

這些事可以幫助你的身體在頭一碰到枕頭時就能進入睡眠狀態，這很重要，因為睡眠是身體恢復力不可或缺的要素。近年來，我聽說有越來越多運動選手給自己訂下「在臥室不用電子產品」的規則，因為他們知道睡眠不能受到干擾，就像你不可以打亂你的飲食計畫一樣。

自我管理有個很重要的一點，就是你一定要知道這是無法假手他人的事，因為沒有人能代替你來管理自己。當然，教練或訓練師會給你一些「如果你想在低位得到更好的位置，就要多練點肌肉」之類的建議，我得到這些建議後會認真去做。有時候，增加肌肉可能比實際上場打球還重要。不過，快速增加肌肉的鍛鍊方式和打造出能夠承受長年征戰的軀體的作法是不同的。直到職業生涯步入後期，我才明白到兩者間的差異，才明白沒有人能夠像自己一樣投資自己身體的耐戰程度，不管是教練、訓練師還是隊友都不行。

你要了解你的身體。記住，它是你最重要的生財工具。你會相信一個連自己工具箱裡的工具有哪些功能都解釋得不清不楚的木匠或水電工嗎？運動員也是一樣，你在與醫生、訓練師和教練意見不同的時候，要能有理有據地提出異議。我不是叫你不要聽信他們的話，而是在任何時刻，你都不僅是最了解自己身體、更是唯一一個可以清楚

表述出它的狀況的人。因此你需要學習如何掌握這些資訊，並在交換意見時保持信心。

想想科懷‧里奧納德（Kawhi Leonard）。他在二〇一七至一八年球季傷到右股四頭肌時，儘管聖安東尼奧的每個人都覺得他可以提前回到球場，但他還是選擇在該季剩下的比賽中休養生息。科懷堅持在覺得自己的身體準備好之前都不會重返球場，即使這最終導致他被交易到多倫多也在所不惜。接下來發生的事你也很清楚，當他做好準備並回到場上後，帶領新東家奪得了冠軍。如果他聽取馬刺球團的意見並縮短了復健的時間，事情會不會有不同的發展？誰知道呢？說不定他不會有事，但也說不定會因此遭遇到結束職業生涯的傷病。關鍵是，世界上唯一一個知道科懷的身體狀態感覺如何的人就是他自己，而他做出了決定，並寸步不讓。

這種心態跟過去的球員相較大大不同，以前的球員會在休息室裡抽菸、硬是帶傷上陣，還會在休賽季放任自己發福。由於現在的運動選手重視自己的身體、重視自己的資產，也難怪這幾十年來比賽的強度越來越高、球員的職業生涯也越來越長。

做好身體的自我管理，不只是要建立正確的飲食與睡眠習慣和鍛鍊身體，還要學習傾聽自己身體的聲音，拿捏

自己什麼時候該在筋疲力盡時咬牙苦撐、什麼時候該讓你的身體好好休息。這就是你在當今NBA中常常會聽到的「工作負荷管理」（load management），它代表球員和教練們更加重視耐戰度與如何維持巔峰狀態，也代表球員們越來越了解自己的身體、越來越懂得為自己的長遠健康挺身而出。

對，稍早我才剛告訴過你要知道在什麼時候忽略身體的「求救訊號」並克服它有多麼重要。*沒錯，這是成為頂尖運動選手的條件之一，但清楚何時該讓你的身體休息並補足元氣也一樣重要。你要怎麼知道這兩種情況的區別？嗯，在大多數的情況下，你會自然而然地知道。如果你訓練得夠認真，並常常在鍛鍊時達到甚至超越自己的極限，就知道你在「疲倦和痠痛」時有什麼感覺。如果是這樣，那你也會知道你在「真的受傷」時會感覺到什麼。即使無法用言語形容，每個經驗夠豐富的球員也都知道這兩種感覺的不同。而你越常在鍛鍊時突破自我、越是在乎並了解自己的身體，就越能發現它們的區別。最重要的是，在你

---

*　　　值得一提的是，照顧好自己的心理健康也很重要。我要向凱文・洛夫以及其他讓他人意識到這個問題的球員致敬。無論你的生理狀態如何，抑鬱、焦慮、負面思考都有可能比你受到的任何傷害更劇烈地顛覆你的人生與職業生涯。所以不要帶著心理疾病打球或是忽略它們，尋求幫助、認真看待它們，你值得發自內心的快樂。

真的受傷的時候，你在站出來替自己講話時會有信心，而不會有微弱的雜音在你的腦海中問自己該不會其實只是累了而已，因為你有類似的經驗了。

當我聽到有NFL球員為了回到場上而隱瞞自己的腦震盪症狀，或是各種運動中的選手為了在受傷時出賽而太過依賴止痛藥時，我都替他們感到悲哀。他們之所以會這麼做，有部分是因為體育賽事的經濟效應。事實上，許多球隊將球員（尤其是那些不是超級巨星的球員）視為用完就丟的一次性物品，迫使球員們得在受傷和被裁員之間做出選擇。但另一方面，我們運動選手也必須幫助彼此學習如何為自己發聲，例如：「我知道疼痛和受傷的感覺，而我現在感覺到的『不只是痛而已』。」這就是照顧自己的真正意義所在，不只是去水療中心泡進浴缸的熱水，而是要明白「如果連我都沒有把自己的健康放在第一位，還有誰會在乎我的健康？」的道理。

我懂為什麼有時候想忽視身體的警訊，問題是這樣下去身體總有一天會背叛我們。你如果沒有在身體處在最佳狀態時好好照顧它，就像是在用信用卡瘋狂採購，然後就會收到一大筆帳單，這只是時間早晚的問題。

幸好，你可以藉由努力訓練與投入心力來支付這筆費用。在二〇一八至一九年球季的某天，勇士隊總經理鮑

勃‧邁爾斯（Bob Myers）把德拉蒙德‧葛林（Draymond Green）拉到一旁，並告訴他如果勇士想繼續在聯盟中名列前茅，他就要減去大約十四公斤的體重。難以想像吧？但他真的做到了。德拉蒙德排除了所有不良的飲食習性，減輕體重，並在季後賽開始時恢復了狀態。儘管他們陣中的三名最佳球員有兩名受了重傷，勇士還是差點連霸成功，而這很大部分的原因是因為德拉蒙德能夠健康地盡展所長。

　　我們每年都必須調整自己的狀態，儘管你此前贏得再多勝利、經驗有多豐富，都不足以令你有餘裕放任體態走鐘。我們選擇從事這個職業，就必須克服其中的艱辛。

　　現在你可能已經想到了一件極具諷刺的事。我一直在告訴你身體耐戰度的重要性，我整個職業生涯都在致力於讓我的身體更能經得起傷病的挑戰，然而我的選手生命卻因為我無法控制的傷病因素而畫下句點。我沒辦法打到四十幾歲，也無法成為一位在職業生涯的暮年依舊能對一支冠軍級球隊有所貢獻的球員。從某種層面上來說，我沒能從為了照顧自己的身體所做的付出中獲得回報。所以，這一切都白費了嗎？

　　不，我不這麼認為。我們無法控制所有發生在我們身上的事物，就像我沒辦法控制血栓一樣。但我們還是可以為自己能掌握住的事物而感到驕傲。

我自豪於即使要放棄一些吃士力架巧克力棒的機會，也依然認真對待比賽、盡可能地在場上與場下都全力以赴。

　　我自豪於學會如何做自己身體的主人、掌控自己的健康狀況。在我剛進聯盟時，很少有人會鼓勵年輕球員這麼做。

　　我自豪於我的身體依然健康，而且我的心智在未來幾十年都將敏銳如常。

　　還記得「健全的精神寄宿於健康的身體之中」這句話嗎？它代表「要有健全的精神就要有健康的身體」。你的心智是身體的一部分。我會把我的心理狀態調整到巔峰，並盡可能地維持。我很重視這一點，如果你正在讀這本書，我很確定你也在乎這件事。記住我這句話：如果你沒有照顧好自己的身體，就沒辦法調適出最佳的心理狀態。

　　建立正確的睡眠與飲食習慣並鍛鍊身體，在你褪下球衣之後，這些對自己的投資會令你持續有所收穫，你的一生都能從中獲益。

　　所以，為自己努力，並以此自豪吧。你所做的一切都不會是徒勞無功。

不要讓別人激怒你

Don't Let 'Em Get to You

　　一個人靜靜打球稱得上是美事一樁。然而一旦你打得越來越好，或者說，你在生活中的任何領域表現得越來越突出，就越難不受人矚目。

　　一旦你的天分、技術與成就令人眼紅，就一定會引來他人的非議。也許你聽過這句話：「他人的閒言閒語，就是你在成功之際所要繳的稅。」就我個人經驗而言，這句話根本就是真理。它有兩種意涵。首先，這筆稅你除了繳清之外別無他法。如果他人能正視你的成就而不是給予負面的批評，那就再好不過了，而且也比較公平，不是嗎？畢竟當這些出一張嘴的人打了好幾個小時的Xbox的時候，你

可是在體育館裡揮汗如雨。如果他們對此有點自知之明就好了，對吧？在你表現出色時，他們可以拍拍你的背鼓勵你。那你表現欠佳的話呢？他們也該在決定製造更多負面情緒給這個世界之前，先深呼吸、重新思考一下。

但是這樣的事當然不會發生。一定會有人在背後議論你的是非，你最好現在就接受這個事實。這就像繳稅一樣，時候到了就是要繳錢。每間公司都會留下預算來繳稅，而不是等看到帳單才嚇一跳。

不過「他人的閒言閒語，就是你在成功之際所要繳的稅」這句話有另一層涵義。如果你受到他人的批評，即使他的話有失公允，你也可以花點時間細細品味它，因為這代表你做對了某些事。這代表你勝多敗少、樹大招風。居於劣勢的一方、第八種子以及常年失敗的遜咖不會受人非議。畢竟這麼做有什麼好處？追打早已無望勝利的落水狗既殘忍又毫無意義，這也是為什麼少年棒球聯盟會制訂比數相差到一定程度便提前結束比賽的「慈悲規則」。如果你受到夠多的關注，就也會招來他人的批評，別因此感到低落。享受它吧，這是你的努力爭取到的成果。

你知道你繳的這一大筆稅代表著什麼嗎？這代表你賺了一大筆錢。我這些年來因為簽約金和代言合約而繳了一大筆稅，這讓我很心疼……但也實在是因為我賺得太多

了。

　　只有傻瓜才會抱怨這種好事背後的壞事。你在人生中做了一件大事才會被別人批評，這意味著他們在乎、意味著你進入了他們的生活，也代表你的行為有其影響力。

　　我祝願你在生活中取得成功和幸福，但你必須知道，你所獲得的成功無法取悅你身旁的所有人。不是每個人都像我或你的父母一樣支持你，這是個令人遺憾的現實。在NBA歷史上的冠軍隊中，即使是人氣最旺的那幾隊，也有數百萬人希望他們摔下神壇。人們想看到他們輸球，有部分是因為這極其罕見。勇士在二〇一五至一六年球季贏得了七十三勝九敗的戰績，這代表至少有九場比賽，人們是為他們的落敗而歡欣鼓舞。而在二〇一九至二〇年球季呢？戰績曾經在聯盟中數一數二的他們繳出了聯盟墊底的成績。即使例行賽因故縮減了場次，這對他們來說也依然是個慘不忍睹的球季。

　　酸民們看到這樣的情形都快樂得不得了。我們喜歡看站得越高的人摔得越重，這會讓我們心裡有一種自我滿足感。你的名聲越大，就越有可能名高引謗，有可能是幾個不請自來的混蛋在你的Instagram上大放厥詞，也可能是全國性媒體公開翻你的舊帳。你達成的成就越多，人們對你的期望就越大，對你的要求也就越高。沒有人會因為一名

高一球員的表現未達NBA水準而批評他，但隨著他的表現超越當下的層級，並在更高的層級留下驚鴻一瞥的印象時，也在逐步提高外界對自己的標準。有些批評是真心的建議，因為知道他能做得更好，對他在訓練時偷懶感到失望的隊友與教練就是有可能會提出這種建議的人，他們有話要說是希望他進步。但也有一些批評，是嫉妒你成就的人在無的放矢。不管怎樣，這條定律都是不會變的：你的成就越大，別人對你的標準就越高，你招致的批評也就越多。

另一方面，你知道在NBA裡受到最多批評的球員是誰嗎？答案可不是球隊裡的第十二人或是菜鳥，而是像勒布朗和KD這樣的球員。

沒有人能免於批評，即使是最偉大的球員也不例外。就像是漫長的球季來到尾聲時你也會覺得自己的身體好像快散掉了一樣，這只是這項運動的其中一項職業傷害罷了。但正如有些球員比其他人更擅長克服身體上的苦痛，也有些球員比其他人更經得起批判。他們懂得挑出真正重要的建言，這樣就可以不斷改進自己的缺失，然後無視其他無關緊要的謾罵。一個人之所以能成為一名偉大球員，有很大的程度取決於他能承受多少批評帶來的壓力。因為，不論如何，每個人都會被他人議論。如果你想要成

功，你就必須習慣它，並將它轉化為使自己更強大的動力。

這關係到的不只是你在球場或其他賽場上的成功，更關係到你想成為一個什麼樣的人。有些人被批評所造成的痛苦吞噬，因此無法享受成功帶來的所有樂趣。有些人對大家的建言都充耳不聞，覺得自己不需要向他人學習，所以成了一個傲慢自大的人。只有少數人能找到最甜蜜的平衡點，能夠從容不迫地面對批評、盡可能地從中學習且不會因此迷失自我。這些人通常是最有成就的人，而更重要的是，他們也是對自己最滿意的人。

在職業生涯的大部分時間中，我也在試著達到這個平衡點：自信到足以不受沒有建設性的批評影響，謙虛得能夠從有智慧的建議中學習。但跟一些幾乎整個人生都在顯微鏡下被檢視的同梯球員比起來，我花了更長的時間在學習這一點。與他們相比，我打球的環境更隱蔽一點。在德瑞克（Drake）聲名大噪之前，多倫多並不是個熱門的城市，在美國的知名度也不高。

但我還是知道成為粉絲嘶吼的對象是什麼感覺。過去我在多倫多打球時，我們是全國唯一一支NBA球隊，所以我們隨時都是大家的焦點。隨後來到了邁阿密，對我來說就像來到了另一個世界，從勒布朗和我簽約並與韋德聯手

的第一天起，我們就成為了聯盟中注目、憎恨與批評的靶心。這需要花點時間才能適應。

不只是社群網站上的球迷或路人對我發表過仇恨性言論，也有一些退役球員這麼做過。像是查克、奧克利（Charles Oakley）和史考提這些老派的球員在談到我們三個人的時候，常常會說一些「我才不會和其他兩個人聯手，我會試著打敗他們」之類的話，或是更直白地說：「MJ絕對不會做這種事。」我承認，我被這樣的話影響到了。我在這裡平均抓下八記籃板、每場比賽攻下近十九分，但有時候我覺得自己打得像一坨屎，覺得自己活該被罵。最糟的是，你明明知道就算轉了隊，自己還是原本的那個球員，還是照常地去體育館訓練、在球場上保持謙遜、努力融入隊友之中，卻無端捲入這種操弄媒體的話語。如果你從未有過這樣的體驗，這會令你感到十分震撼。你會覺得自己明明沒有改變，卻突然成了一名惡人。回過頭來看，我這麼想或許很天真，但這個結果真的是我始料未及，我本來以為大家會喜歡看我們打球的，真糗。

所有的批評我都看在眼裡，像是「波許辣妹」[1]、「假硬漢」，還有《Bleacher Report》網站推出的《波許人見人

1　　譯註：原文為Bosh Spice，是「辣妹合唱團」組員之一高貴辣妹（Posh Spice）的諧音。

恨》系列專題。我的天，真是見鬼了。

很多批評的話語侵入了我的內心，這讓我心很累。我想表現得像是沒什麼大不了，但它其實真的影響了我。畢竟我也是人，如果有人告訴你他不會被批評影響，他不是在騙你就是有反社會人格。如果你受到的批評跟當年的熱火隊一樣多，會連在場上打球時都提心吊膽，不管你上一個回合有沒有出手都會讓你想東想西，並在比賽還沒結束時就開始煩惱如果輸掉比賽要跟記者講些什麼。

原本對我來說很有趣的事，像是隨手滑滑社群網站，現在都讓我很厭煩。我沒辦法放鬆，反而會花一堆時間思考為什麼大家會這麼生氣？為什麼這些人會對一個素未謀面的人如此無禮？這麼說聽起來很傻，但最讓我不爽的話，通常都與籃球無關。他們覺得我不只是個糟糕的籃球員，更應當是個壞人。這些人會討論你的家庭、孩子與妻子，他們說的這些話感覺起來大多想挑撥球員攻擊彼此、攻擊教練團，或單純只是想讓我們感到痛苦。煩惱這些事不但會造成不良影響，更會浪費極大的心力。

一開始我不明白這一點，這讓我的心中充滿仇恨。我不明白，成為眾矢之的就是隨著我簽下的這份合約而來的一部分。我覺得這些人會想盡辦法來挑釁我，而且我越想無視他們，他們就越大聲。比賽開始變得無趣，我也帶著

憤怒在打球，想藉由勝利來出一口惡氣。這很不妥，因為我離原本一開始打球的「為什麼」越來越遠了。

在總冠軍賽兵敗達拉斯後，我有好幾天都不想出門，全隊都很鬱悶。但我也因此漸漸接受了一些關於批評的現象，一些心思更加細膩的球員早在職業生涯前期就意識到的情形：那就是批評無處不在。更重要的是，儘管我對自己選擇加入熱火的決定感到滿意，而且這個決定從籃球和人生的角度來看都有其意義，但它都將使我在NBA成為一般球迷心中的反派。不論我覺得自己應該要有多麼受球迷歡迎才對，我都得不到球迷的喜愛。

但你知道嗎？意識到這一點對我而言是個很大的解脫。我不再思前想後，也不再為我做出的抉擇道歉。我大幅減少瀏覽與我、球隊和聯盟有關訊息上的時間，改為閱讀更多有意義的資訊。我現在總是逢人就說，你在推特上花了多少時間，就少了多少時間來看書。為什麼你會覺得自己沒有時間閱讀、做伸展運動或與隊友交流？你當然有時間，你只是把它用在錯的地方而已。

我學到要開始把更多的精力放在讓自己快樂與盡我所能地成為一位最棒的隊友上。我積極地訓練，並開始不再期待贏得所有人的喜愛。這是個轉變。以前讓我痛苦的那股力量，現在讓我成為了一個更好的人與更好的球員。

我的隊友們幫助我完成了這種心境上的轉變。隔年，我們達成了一個不成文的共識，就是不管遭受到多麼不公平的批評都不會再怨天尤人。我們要一起無視它，並努力朝著冠軍的目標前進。如果你放下仇恨，那它就只是一個話題而已。我們打球的目的不再是讓酸民閉上嘴巴，而是開始為自己而戰。

　　即使你不必效力一支他人眼中的反派球隊，不管你是在當地的聯賽還是NBA中打球，我認為你都可以從我的經驗中學到一點東西。那就是，應對批評最好的辦法就是接受它無從迴避的特性。

　　真的有人樂於接受批評嗎？當然沒有。在我打球的這些日子以來，我不認為自己見過任何一位真的喜歡被教練用言語刺激的球員。沒有人打開推特看到別人的垃圾話會覺得高興，就像沒有球員會在輸球後期待賽後記者會一樣。如果你不能忍受有人在你犯下顯而易見的錯誤或是失敗時不斷追問你緣由，那麼你並不孤單。

　　但是，無法忍受批評與想藉由打出好表現、以正確的應對方式與公關技巧來遠離它有著極大不同。一旦你了解自己沒辦法杜他人的悠悠之口，而且還會因為越成功而招致越多的批評，或許可以找到在一定的程度上與它和平共處的方法。這是我的經驗。幫助我不受他人批評影響的方

式不是「證明酸民是錯的」，而是明白自己沒有辦法停止他人的口誅筆伐。反正這筆稅一定要繳，乾脆早點開始為此準備預算。

不要一聽到與你有關的負面字句就全盤放在心上。不管是我在大學還是NBA打球時，都常常看到年輕人被這些排山倒海而來的批評給壓垮。上一波進攻你沒看到隊友在底角有空檔嗎？你的罰球可不可以再準一點？你為什麼不修正你的跳投姿勢？我們之前討論過，這就是會出現在你腦海裡的聲音，它存在於每項運動之中。一個高中四分衛背後可能有一整個城鎮的球迷在對他的傳球指手畫腳，西洋棋冠軍的身後也可能會有一對霸道的父母在對他下指導棋。許多原本天賦滿載的老將在職業生涯進入最後階段時，也無可避免地會聽到《世界體育中心》（*SportsCenter*）的主播們說他已經失去往日雄風，以及呼籲他早日退休的言論。

有時候人們只是想激怒你。這種人知道自己永遠沒有辦法成功、永遠沒有辦法贏得總冠軍，但如果他們挑釁你，而你對此有所反應，那麼在當下他們就控制了你的思維，並能從中獲得優越感。「兄弟，看看我跟他說他很爛的時候他有多生氣？」他們不但會這麼說，有時候還會說出比這種話更糟的發言，像是一些種族歧視、刻薄傷人的言

論。為什麼他們要這麼做？

我也希望我知道為什麼。我能告訴你的是，這不是你的問題。我能告訴你的是，儘管這些話讓你心生不快，但在這些出口成髒的人的內心深處，一定更黑暗且更不快樂。

說真的，有時候我真想衝上看台和這些傢伙理論。但我總是忍下來了，因為一旦你把自己的格局拉低到他們的水準，就給了他們影響你的機會。你要了解有成千上萬對眼睛在注視著你，而你必須做出最合宜的舉動，這是在最高水準的舞台上打球時必然會經歷到的一部分。

所以身為運動員的你可以放心地將大多數的批評置之不理，畢竟這些免錢的建議之所以免錢就是因為它毫無價值。你越是懂得如何分辨真正的警訊與無謂的叫囂，就越有能力在受到迫切重要的批評後解決問題（當然這些批評還是讓人不舒服就是了）。

你可以儘管無視人們在社群網站上的閒言閒語。你會在乎一個孩子在球隊公開練球時從第三排看台上對你大吼大叫了什麼話嗎？根本不重要啊。在你三歲時離開，直到你的未來前景可期時才重返你的生命，並裝得像一直陪在你身邊的父親，才是你該擔心的對象。對你說垃圾話、試圖干擾你的思考的對手，他們講了什麼也一樣無關緊要。

這就是為什麼當我還是現役球員時，會試著不去讀與我有關的報導。因為不論內容是好是壞，都可能在不同的日子讓我感到驕傲或沮喪，而我知道它對我的球技一點幫助都沒有。每當我注意到這些雜音時，我都會提醒自己：「就連麥可‧喬丹也會被批評！在他挑戰二度三連霸期間，人們都說他太老了。如果連他都會被說閒話，那你當然也逃不掉啊。想想『俠客』（Shaq，Shaquille O'Neal）和科比在連霸期間被說了多少是非。這不是什麼新鮮事，克服它。」

如果你參加的競技項目是團隊運動，當有人以個人而非團隊一員的角度批評你時，你也可以用一樣的話來提醒自己。團隊運動很複雜，很難把造成比賽輸贏的原因全部歸結到一個人身上。如果有人把球隊輸球的原因全盤歸咎於你，就算你在一個重要時刻搞砸了某件事，這樣的發言也只顯得他們根本不懂籃球。同理，如果有人試圖戴你高帽、慫恿你不管隊友打得怎樣都要拿二十五分，這樣則表示他們根本不明白團體運動的意義。

至於媒體呢？你也可以不用太在意他們，而是要明白他們的工作不是讓我們成為更好的球員，而是寫報導、增加觸及率與引起他人的注意。這不代表媒體是你的敵人，也不代表你必須以多疑、敵對的態度來與記者相處，而是代表他們與我們有不同的出發點。大多時候，結構淺顯易

懂、有著明確正反兩派的報導最容易引起讀者興趣。但你沒辦法決定自己被歸類到哪一派，所以不要覺得他們在針對你，而是要明白媒體也在做自己的工作，這是與球賽截然不同的競爭，因此他們的著力點也與我們大相徑庭。記住，斯多葛學派的哲學家芝諾（Zeno）曾說：「寧可失足，不可失言。」也就是說，在他們面前你不可能永遠閉口不言，所以你不但在說話前要三思，也不用為了保持沉默而感到羞愧。

不過一旦你將這些批評去蕪存菁後，就能篩選出真正有意義的建議，這就是在受到批評時能令你有所收穫的另一面。只要你明白做什麼事都有人會批評的道理，就會懂得從這些批評中找出有價值的建言，並藉此研究如何讓自己的球技變得更完美。舉例來說，教練也是會批評你的人，這是他們工作中很重要的一部分，而優秀的教練更特別善於提出有建設性的批評。如果一個教練不跟你說你的不足之處與需要加強的地方在哪裡，那他有什麼存在價值？這就是他們的工作啊。

在你成為一名成熟的球員後，你會開始明白有些（不是全部，是有些）批評能幫助你在聽了之後變得更好。你越成熟，就越能夠分辨出哪些批評是噪音、哪些批評有助於你的成長。你會明白，不可以把所有的批評都當成是酸

民嫉妒你的發言，如果你全盤無視這些建言，等同於選擇從此凍結自己的成長空間與發展性。

至於要如何選出最適合的建議，這需要智慧。就像我們之前討論到的，要培養你的心智。你不能太過被動、太容易被它影響，而是要會思考。這是有建設性的批評嗎？這些話是誰說的？他們批評我的動機是什麼？他們跟我有什麼關係？如果這是個好建議，那我該怎麼做才能成為一個更好的球員？

過濾沒有意義的批評跟篩選新聞來源很像，你要一直問自己：「它的來源在哪？可信度高嗎？」我會先把值得我信賴的範圍縮減到就我所知真的很關心我的人，像是家人、摯友、隊友、教練、訓練師。很重要的是，我也會鼓勵他們對我直言不諱。即使他們的話會傷害到我的自尊心，我也會聽，不會大發雷霆，也不會甩頭就走，更不會把氣悶在心裡。藉著這樣的方式，我培養出一個小圈圈，這些圈內人會直截了當地告訴我的打球方式有哪些缺點，而我也相信他們不是為了批評而批評的人。

回過頭來說說這本書，如果說它有什麼優點，其中一部分的原因是我有先把內容傳給這些我信任且與我有不同人生經驗的人看過，並問他們：要怎麼讓這本書變得更完美？有哪裡需要補強的嗎？哪裡是你不喜歡的地方？雖然

沒有全盤接納他們的建議，不過大部分的建言我都有聽，而這些意見也讓最終的成品變成一本更好的書。

優秀的球員與在其他領域成功的人士都會對他人的批評做出理性客觀的分析。在我不斷在寫這幾封信的過去幾個月中，我聽到了這麼一句話：「如果有人跟你說你的文章讀起來怪怪的，那他們通常是對的。但如果有人告訴你怎麼改比較好，他們的建議大多不聽也罷。」就我個人而言，我寫的這幾封信是為了以你、以讀者能理解的方式，闡述我腦海中的所思所想。不論出於什麼原因，只要讀者不明白我想表達什麼，這就是我的責任，因為把文章寫清楚是我這個作者的工作。但同時，即使有人告訴你某個段落或字句不通順，也不代表他們知道要如何修改它。

哲學家亞里斯多德（Aristotle）很久以前也曾說過類似的話：你不必是個鞋匠，也能判斷你穿的鞋會不會因為不合腳而傷到自己。也就是說，能夠發現問題和有辦法解決問題是不同的。換個方向想，就算沒有辦法幫你解決問題，這些人也能在你尋找問題時提供有價值的線索給你。發現問題和解決問題都很重要，但我們不能把它們一概而論。

沒有能一概而論的答案。再回頭想想教練吧。就像我說的，教練就和你的隊友一樣，努力地想幫助球隊獲勝。

不過他們並非完美無瑕的人，事實上世界上也沒有這樣的人。有些教練在事態發展不如預期時會大發脾氣，但是一場比賽本來就沒辦法打得盡如人意。也有些教練很沒有安全感，所以只要你沒有照著計畫打球就會受到他們的批評，不過話又說回來，你才是在球場上打球的人啊。有些教練（那種你碰到是真的很幸運的教練）是為了幫助你成為一個更好的球員才批評你，而不是因為他們想讓自己看起來很了不起。有幾位最偉大的教練幾乎不曾大呼小叫。想想昔日執教公牛與湖人的菲爾・傑克森（Phil Jackson）吧，你看他大吼大叫了幾次？

隨著你的成長，你要弄清楚的不僅是接受批評後該如何應對。如果你想成為一名領袖，更要懂得如何指正他人。與教練相仿，這也是球隊領袖的重要工作之一。在必要時召集隊友、建立他們身為球員的自信，而不是為了自我感覺良好、打擊他們的信心。

優秀的領導者不會一直讚美別人，也會對身邊的人施加壓力，但他們施壓的前提是尊重與已然建立的情誼基礎。如果我剛剛才在幫你掩護時承受了對手猛烈的撞擊，那你會更願意接受我要告訴你的話，因為我的舉動證明我願意為了幫助球隊贏球而赴湯蹈火。如果我公開認可你的好表現，也會讓你更願意聽取我的建言。你可能聽過「三

明治讚美法」：如果你必須給予某人批評，把它夾在兩句讚美之間，會更容易讓對方聽進去。你不需要在每次給予建議時都用這個方法，但這個概念是要讓你明白，如果你不只注意到對方的缺點，也認可對方的優點，會讓他人更願意相信你的話。

不管你受到的批評是苦口良藥還是惡意抨擊，都會刺痛到你的心。前者會以正確的方式刺激你、激勵你變得更好，後者則只是毫無意義的殘忍行為而已。不過不管是哪種刺激都會讓你受到傷害。當你因此受傷時，有一種方法可以幫助你將這種感覺拋諸腦後，那就是去體育館精進你的球技。每當我被別人批評時，我都會以這種方式回應。如果有隊友自己投籃手感不佳卻遷怒於我？那我就多做幾次臥推。如果推特上有個白癡讓我很不爽？那我就再練個一百次罰球。以此類推。我從不因此生氣，總是在進行這些訓練時面帶微笑，因為我熱愛籃球。

這些人們的批評是「坐而言」，但我在球場上與體育館中付出的努力才是「起而行」。提醒自己這一點會很有效果。

當我回過頭來審視這些批判性言論時，我會刻意固定問自己幾個問題：認真看待這則言論能幫我變得更好嗎？它能幫助我成為心目中的完美球員嗎？如果答案是肯定

的，就算言詞再刻薄、就算這是來自敵隊球員的發言、就算我希望它不是真的，我也會虛心接納。每一位偉大的球員不只會敞開心扉接納這些建議，更渴望於得到有建設性的批評。

更重要的是，每個偉大球員都是最嚴厲批判自己的人。他們知道要在什麼時候批評自己，因為他們在運動領域中都是心思敏銳的學生。在這時候，他們也會承認自己的錯誤。我努力想成為一個這樣的球員。二〇一三年，我們在東區冠軍賽與印第安納交鋒，我打得不怎麼樣，而且也聽到外界給出了同樣的評價。在第七戰開始前，我決定要挺身而出。我找上了記者，並在別人批評我之前親自向邁阿密的球迷、我的教練與隊友道歉。我說：「該處理這個問題了。我比誰都清楚我在前幾場比賽打得一團糟，我會搞定它。」大家都很驚訝我會如此坦然並宣示要扛起責任，這不但讓我和球隊的心中放下一顆大石，也不給想藉由批評我給我下馬威的人機會。那天晚上，站上球場的我感覺輕鬆多了，事態也逐漸出現好轉的跡象。我的投籃手感還是很差，但我在這場比賽的籃板數和正負值加十七都是整個系列賽中最高的一場。

最終你會從批評中學到最重要的一課：投入你的工作就是回應它的最佳方式。在終極格鬥冠軍賽（Ultimate

Fighting Championship，UFC）擔任CEO的達納・懷特（Dana White）就曾告訴聯盟中的選手，不要讓裁判來決定比賽的結果。他的意思是，要用KO來分出勝負。這句話的立意很好，因為這樣一來，誰是勝利者就沒有爭議了。在NBA、在任何運動領域中（夭壽，應該說在生活的每個角落中才對），你和這些酸民怎麼吵都沒辦法破除他們對你的批評，只有用實力、用你的表現與勝利才能消除人們對你的誹謗。說再多都沒辦法讓質疑你的言論不攻自破，要有實績才行。

因為追根究柢，他們只是出一張嘴而已。你才是在賽場上衝鋒陷陣的人，在每一次繫上鞋帶踏上球場後承受著內心的痛苦掙扎，直面失敗的可能性。

小羅斯福總統（Teddy Roosevelt）的演講[2]或許最能夠闡述我們該怎麼面對批評，也難怪他的這番話會舉世聞名：

> 雞蛋裡挑骨頭、在強者失敗時落井下石，或是指責做事的人為什麼不做得更好，都沒什麼了不起的。真正了不起的是站在競技場上、臉上混雜著灰

2　譯註：指一九一○年的演講〈民主國家的公民精神〉（Citizenship in a Republic）中的段落：「競技場中的人。」

塵、汗水與鮮血並奮勇奮戰的人。他們會犯錯，也可能會經歷一次又一次的失敗，因為努力與犯錯、失敗密不可分。他們知道，自己必須將努力、全心全意的熱情與奉獻投入到自己的志業之中，才有可能獲得最後的勝利。當然，這是好的結果，他們也清楚事態可能會往壞的方向發展。但就算真的失敗了，也是雖敗猶榮。而那些不知勝負為何物且冷漠怯懦的靈魂，根本無法與他們的高度相提並論。

我沒辦法說出超越這番話的名言，所以我只說一句：說別人很簡單，實際投入比較難。你為了提升自己的技術多做一次臥推、多練一次投籃、多看一小時的剪輯影片，這些都遠比一千則批評指教更重要、更有意義。

球衣正面的名字更重要

The Name on the Front of the Jersey Is What Counts

　　我在職業生涯正要起步時，聽到了一句簡單卻具有深意、令我印象深刻的話：為球衣正面的名字而戰，然後人們會記住你球衣背後的名字。這是句不可思議的話，而我的職業生涯就是它的真實案例。事實上，幾年前的某個時刻，證明了這句話的真實性。

　　二〇一九年三月二十六日，在我不知道是第幾百次穿過美國航空球場的球員通道時，此時場邊的球迷發出了震耳欲聾的聲音。我未曾聽過這樣的聲響，但也許是我從來沒有像這個夜晚般如此仔細地傾聽過的關係，因為我實在太想要沉浸在其中的每一刻了。

我曾在幾場重要的比賽中踏上這座球場，也在球迷面前盡忠職守、幫助球隊贏下不少關鍵戰役，並看著球迷們在邁阿密的街道上與我們一起慶祝總冠軍。我高高舉起歐布萊恩金盃，讓他們都能看得清清楚楚。

　　但這次與以往不同。

　　因為我沒有準備好上場打球的裝備，甚至連球衣都沒穿在身上……不過它也大得穿不下就是了。這件特大號球衣很快就會被升到半空中，高掛在球場的屋頂上。邁阿密熱火隊榮退了我的背號，這是只有少數運動員能得到的榮譽，也是只有在許多事情朝對的方向發展且投入多年的努力後才能享有的榮光。

　　在所有職業運動領域中被榮退背號的球員們，絕大多數都立下了廣為人知的個人成就。在這個國家，你進入任何一座競技場或體育館，抬頭看著場館上方的數字並詢問該隊球迷有關這些背號原主的事蹟後，他們很可能會告訴你「他是個殺手」、「她所向無敵」或是「他要是在現代打球，每場比賽絕對都能豪取三十五分」之類的話。你可能不會聽到有人給出「他讓身邊的人都變得更好」或「他是能凝聚整支球隊的黏著劑」這樣的評價，即使這是事實，也可能鮮少被提及。

　　對我來說，這個時刻之所以特別，在於身為熱火總裁

與籃球名人堂成員的派特·萊里特別強調了我職業生涯中的哪些片段。他沒有提我投進多少球、得到多少分數，而是回憶起二〇一三年NBA總冠軍賽第六場比賽的最後幾秒。正如派特所說，是雷·艾倫在最後關頭投進追平比賽、挽救了系列賽並令我們最終獲得最後勝利的一球。但是在雷投出那一球之前的幾秒鐘，是我抓下了籃板，並把球傳給他。這一球被派特譽為「熱火隊史最偉大的助攻」。

要在比賽中打出好表現很難，這也是為什麼優秀球員如此難得。要當一個好隊友其實簡單多了，但奇怪的是，優秀的隊友反而更加罕見。我在二〇一〇年來到邁阿密與勒布朗和韋德組成三巨頭時，球隊的化學效應也有急轉直下的可能。勒布朗當時如日中天，而邁阿密依然是韋德的地盤，兩人都是喜歡有球在手的球員。我自己在多倫多是連續七個球季的主力得分手，客氣一點說，我在那裡稱得上是個雙十製造機。那麼我們要怎麼做才能讓這支球隊好好運作？答案就是有人要在勒布朗與韋德找出如何攜手依循球隊戰術、發揮最大戰力的方法時，退一步、鞏固好防線並確保我們在進攻端不會陷入僵局。這就是我的工作，我就像是鼎足三分的第三條腿。有人說我是這支球隊的「角色球員」，但這話說得不好：勒布朗是個角色球員，韋德也是角色球員。在一支常勝不敗的球隊中，每個人都要

扮演好自己的角色。只有每個人對於各自要扮演什麼角色這件事達成共識，才能幫助球隊贏球。

我們雖然在總冠軍賽中輸得很慘，但我們找到了攜手作戰的方程式。我們因這次失敗而謙卑，也變得更加堅毅，最終展示出了我們合作無間的成果。不論是什麼事，我們都願意為彼此多做一點，這讓我們心甘情願為隊友兩肋插刀，也令我們從天賦球員的集合體昇華成一支真正的冠軍球隊。

雖然這麼說聽起來會有點怪，但NBA中的大多數爭冠熱門都是某種程度的「超級球隊」，那時候的熱火其實只算是個且戰且走的實驗品而已。這支球隊之所以能夠成功是因為除了有我們三巨頭之外，還有許多一心求勝與渴望贏回一枚冠軍戒指的老將在支持著我們。即使是在我苦思在這支球隊該怎麼打球、自己在這個新環境中的定位、該怎麼扮演鼎立這支球隊的第三足的時候，我也一邊在向這些老將學習。如果說有什麼事物幫助我克服了從多倫多的老大轉型成邁阿密新角色的過渡期，那就是跟這些老將學到的經驗了。

這就是為什麼那個在邁阿密的夜晚、自己被讚美是送出了隊史最偉大助攻的隊友時，會讓我覺得這麼特別了。我希望當時坐在我腿上的孩子們、現正效力於熱火的所有

球員甚至是正在觀看儀式的其他選手，也能理解派特・萊里這番話的意義。

我會永遠留在邁阿密人的心中，不是因為我打出了最佳的個人表現、精心打造出我的個人品牌，也不是因為我比任何人都更努力地爭取我的上場時間。他們會記得我，是因為我為整個團隊而戰。

因為這件事被人們銘記，令我感到無比自豪。

派特・萊里當然明白這一點，這是他與所有偉大教練的共通點。優秀教練不是只懂得傳授基本技術或是畫戰術板而已。他們知道如何啟發球技超群且自尊心也很高的球員放下自負，為了更崇高的目標而攜手作戰。明白這個道理的菲爾・傑克森曾說：「一支球隊的力量來自於每個球員，每個球員的力量源自於這支球隊。」而在湖人的球隊設施中也寫有一句類似的話，這句話出自於吉百齡（Rudyard Kipling）之口：「狼群的力量來自於每一匹狼，每一匹狼的力量源自於牠的狼群。」K教練當然也懂，他也曾表示：「對我而言，我們這項運動的美麗之處就在於團隊合作，讓五個人打球打得簡直像是合而為一。」

所謂的團隊就是犧牲小我，完成大我。這讓我想到肖恩・貝提耶為了讓勒布朗有更多切入空間而盡可能地拉開空間、負責防守敵隊王牌以讓勒布朗能在防守端喘一口氣

的作為。這些犧牲都能夠建立彼此間的信任。我想起傑夫·范甘迪（Jeff Van Gundy）說過的一句話：「不要打壞大家的計畫，要為了計畫捨棄自己。」也就是說，只要大家同心協力，就算計畫受到阻礙，你的教練和隊友們也有辦法解決它。但如果一個團隊中的人不信任彼此，就真的沒救了。

如果你跟我一樣幸運，得到一名教練或心靈導師對你灌輸這個觀念，便能漸漸地在比賽中看到一名自私選手無法體驗的美妙之處。我就有過一次這樣的體驗，而我會將它分享給你。

二〇一三年NBA總冠軍賽與聖安東尼奧馬刺交手的第七戰，我們贏得了勝利。除了我之外，很可能沒人記得這件事。而且就如我之前提過的，我在這場比賽中得分掛蛋。我們贏球了，但我沒有得分，一分都沒有。

這場比賽給我上了一課。就像大多數打球的孩子們一樣，我曾想像過自己將球隊一肩扛起，帶領大家在第七戰中取勝的畫面，而且還投進了致勝一擊。每個層級的每一位籃球選手，基本上都曾經想像過自己投進這種關鍵球的情景。我們都想過這種事，就連《怪物奇兵》（Space Jam）電影的開頭，也是年輕的麥可·喬丹在車道上投進致勝球

的場景。[1]這堪稱是全世界的球員都曾幻想過的場面。

　　但在真實世界中的第七戰，我的投籃悉數落空，也很快遇到了犯規麻煩，我在上半場就吞下兩犯，不得不坐回板凳席。當我回到板凳區時，我情不自禁地將我幻想中與現實生活中的第七戰進行了對比。但在我為此感到洩氣之前，我的腦海裡迴響起曾經執教過我的山姆‧米歇爾教練的聲音：「有沒有得分有什麼關係嗎？你還是可以幫助隊友融入比賽、更認真地防守並以實際行動帶動球隊啊。」一場比賽有許多不同的面向，你也能夠以各種不同的方式在比賽中綻放光芒。不論你選擇了哪一種方式，都必須記住要投入百分之百的熱情與百分之百的拚勁，這是成為一個好隊友的必要條件。只要你們贏得勝利，不論你的得分領銜全隊還是從板凳出發，都分享得到鎂光燈。

　　當我回到場上時，我必須再次扛起防守提姆‧鄧肯的責任。在我本來可以不滿並抱怨裁判的哨音或是因此過度沮喪而無法在防守端全力以赴時，我依然將勝利至上的這一點謹記在心。很多球員在早早陷入犯規麻煩時往往會因此畏首畏尾，使得被他們防守的球員因此打得更有侵略性，因此我對自己防守鄧肯的成果引以為傲。雖然我在自

1　　譯註：實際上電影中的喬丹是一邊投籃一邊期許自己將來能加入北卡大學和NBA。

己幻想中第七戰的表現沒有化為現實，但了解到自己應該用盡各種方法也要幫助球隊贏球的這點，仍然讓我覺得很滿意。在我拿起這座冠軍獎盃時，不管我得到了零分還是五十分，都已經不重要了。

幸好，我以前就有過這種犧牲小我的經驗，因為五年前的奧運也是一樣的情形。我入選了二〇〇八年的「救贖之隊」（Redeem Team），這支美國隊要為了救贖二〇〇四年只拿下銅牌的失落而戰。能為國出征的感覺很棒，這也是我加入過最有天賦的球隊。球隊陣中有科比、勒布朗、韋德還有卡梅洛，所以我多坐點板凳也是合情合理。不過我還是在上場的每分每秒都全力以赴、支持我的隊友，最終也將金牌帶了回家。金牌戰的最後幾分鐘，我得到了站在球場上的機會，這是我看著初代夢幻隊在一九九二年奪金後便夢寐以求的事。

一旦每名隊員都秉持著這樣的態度，你就知道這支球隊將會展現出與眾不同的風貌。反之，要是陣中球員對自己的角色定位感到不滿，就會使球隊陷入困境。我記得自己曾和一個不願接受自己角色定位的傢伙打球。在這個角色中，他要幫隊友掩護並爭搶籃板，也可以藉此幫助球隊。但他想要更多持球在手的機會，也因此製造了糾紛。他總是想讓我們信服他有一身「好本領」。嗯，當然，畢竟

這裡是NBA，每個人都有點本事，但他卻開宗明義地表示自己不願意竭盡所能地幫助夥伴。你能得分？很棒，但現在這支球隊需要的是你幫忙擋拆和搶籃板。這不禁讓我心想：這是錢的問題，或許是因為得分手能領到比較優渥的薪水吧？可能沒錯。但就算你打球的動力是為了賺更多的錢，也沒有什麼方法能比你加入一支常勝軍更有賺頭。

這其實只是件小事，但這些小事累積起來就會破壞掉成功的團隊。科比和俠客因為分道揚鑣而少拿了多少座總冠軍？勒布朗和凱里呢？凱里在總冠軍賽迎戰勇士的系列賽中打出了驚人的表現，並在第七戰投進了致勝的一球，但他在經過通盤考量後還是想要擺脫勒布朗的陰影。他想要一支由自己掛頭牌的球隊，想要當老大。

你在電視轉播中看不到這種將一批球員集結成團隊的細節，比方說邀請隊友吃晚餐、在隊友罰球失手時鼓勵他或是在板凳區上為球隊加油，這些細節都發生在場下。有時候球隊需要你來得分，也有時候球隊需要你在自認沒有得到應有的上場時間時保持積極心態，這些事情累積起來就會造就出一群真心願意為彼此付出的球員。下次當你看到一名球員願意為了幫隊友清出進攻空間而承受到激烈的衝撞，或者聽到提姆・鄧肯願意領更少的薪水來讓波帕維奇有更多薪資空間來招攬更多有天賦的球員時，請記住就

是這些細節打造出的球隊，讓他們願意做出犧牲。

　　所謂的好隊友就是值得信賴的隊友。你可以相信他們會依循戰術的安排出現在他們該出現的位置，而不是四處遊走。在自己與對手的爭執一觸即發時，你可以相信他們會站在你這邊；你可以相信他們會為了幫助球隊獲勝而犧牲自己的數據；你可以相信他們不是為了貶低你，而是為了幫助你的球技更上一層樓才會對你的表現提出建設性的批評。而這就是例行賽期間每一次練習、每一場週間賽事的意義：隊友們可以在這段時間中建立信賴關係、學習依賴彼此，而不會對此心生躊躇。

　　正如人們所說，信任是一條雙向的路，想要得到他人的信任，唯有信任對方。當我在總冠軍賽中搶下那顆籃板球時，我知道雷・艾倫會出現在哪裡，也知道他有辦法投進這一球。他知道，如果他出現在正確的位置，我就會把球傳給他。要建立起這樣的信賴關係，需要整個球季八十二場比賽與無數次訓練的積累。雷在我們挑戰二連霸時加入了我們的球隊，我記得我當時在想，讓他在例行賽適應我們的球隊調度會是個多麼重要的關鍵。他正在經歷一段與我相仿的過渡期，要在倉促之間完成從球隊老大變為配角的轉型。所以我知道我的任務之一，就是抓下籃板後並在弧頂找到他、幫助雷得到投籃的機會。我們建立起一種

信賴的羈絆，而在像是總冠軍賽最後幾秒鐘這種最關鍵的時刻，你會因此有所回報。

當然，我不是只憑自己的力量就明白該做什麼才能成為一名好隊友的。我在各個層級打球時都在觀察身邊的隊友，並藉此學習該怎麼做。當我在思考要如何與熱火的隊友建立起信賴關係時，我便會回想以前的隊友們傳授給我的經驗。

我想起何塞・卡德隆（José Calderón），他和我在暴龍隊當過隊友。他打球的風格若要我一言以蔽之，那就是純粹。他是一名總是想幫助隊友融入進攻、以傳球為優先、以積極的態度面對各種狀況、對比賽抱持著熱情的純控衛。當他從西班牙飄洋過海來到美國時，人們總是說他不夠格打NBA，但看看他最後在職業生涯中達成哪些豐功偉業：在NBA打了十三年、參加過一次FIBA世界盃，還在奧運贏得兩面銀牌與一面銅牌。

我想起我的兄弟達瑞克・馬丁，他讓我知道該怎麼在板凳上當一名穩定軍心的老將。儘管他的出賽時間不多，但他知道自己在這支球隊中該做什麼，就是在緊要關頭時替球隊帶來力量、帶領大家前進。他真的給了我許多關照，也讓我知道該怎麼訓練、該在遇到什麼情況時做什麼準備。他從不讓我鬆懈，總是讓我繃緊神經，他知道我要

在這個聯盟中成為一名成熟的球員需要付出多大的努力。

我也會想到另一個夥伴麥可‧柯瑞（Michael Curry）。我只和他當過一年的隊友，但他傳授了很多經驗給我。我記得從來到NBA的第一天起，他就告訴我：「你有機會在這個聯盟中成為一名非常優秀的球員，但你必須下很多功夫才行。你要去做這些事……」

說完後，他更以實際行動做給我看。他每天都會在開始練球前就到球場練習投籃，並督促我進行額外的訓練，即使是在我不太想練球的時候，他也會催我去練習。保持始終如一的態度：這是你在與隊友相處時另一個很重要的要素。你要讓他們相信你每天都會認真訓練，讓他們知道你一向是個願意與他人溝通的人。如果你是個老將，你要讓大家知道不管是什麼時候你都會出面帶領大家。如果你是個小夥子，請不斷展現出願意聽從他人指導的態度。

我很尊敬麥可，因為在我的職業生涯剛起步時，我覺得自己還像是個孩子，而這個扛起一個家庭並在NBA有一段完整職業生涯的成年男子對我十分關照。除此之外，他也讓我遠離了麻煩。我記得我們去邁阿密展開第一次的客場之旅時，你可能也猜到了，我正想著要趕快去夜店玩。我不是瘋了或是有什麼毛病，但你懂吧，我們難得作客一次邁阿密耶，對不對？不過，就在我們安頓好、換上便服

後，我就馬上被他逮住了：「走吧，年輕人，我們一起去吃飯，你跟我走。」

這也是一種好隊友。要是去了夜店，那天晚上我說不定會惹上麻煩。誰知道呢？說不定這會讓我因此脫離正軌、無法在聯盟中成為一名優秀球員。因為有麥可的幫助，我才能在軌道上繼續前進。

此外，我當然不會忘記我的好兄弟肖恩‧貝提耶。肖恩是無人不知的終極「球隊黏著劑」之一，是個了不起且無私的隊友。他和每個打過籃球的人一樣渴望著勝利，而他唯一在乎的，就是贏球。

我曾經問過肖恩，為什麼他自始至終都是個如此優秀的隊友。這個問題有點怪，但他還是回答我了。他告訴我，這是他年紀很小、早在他讀一年級的時候便領悟到的事物。當時住在底特律郊區的他是個貧窮的混血小孩，不過他學校裡的同學都是白人小孩，而他的父親是個黑人，這讓他成為全校唯一的有色人種，加上他很高，這使得混血、高大且貧窮的他顯得十分另類。

每個孩子在小時候都想要融入到群體之中，但是他從來沒能融入大家。不過他發現，藉由打籃球可以讓他體會到這種感覺。在下課時間或其他時段與大家打球時，他理解到，不管他們打的是足壘球、籃球還是別種運動，只要

他的隊伍贏球，他就會被大家接納。他很快就發現這段與隊友相處的時光能讓自己感受到歸屬感。

我從近距離看著他為了幫助球隊獲勝而全力以赴，他在效力邁阿密期間的每個晚上都在禁區和更高大的對手搏鬥，和扎克·藍道夫（Zach Randolph）與凱文·賈奈特這種有著建築工人般的肌肉與老派球風的對手硬碰硬。而他在承受這些肢體碰撞後，還得日復一日地繼續迎接同樣的挑戰。因為這是我們教練艾瑞克·史波斯特拉想要貫徹的體系的其中一環，也就是所謂的「小球戰術」，在球場上的每個位置都擺上更小、更快的球員。肖恩明白自己的任務，也做了自己該做的事。他說自己在職業舞台的生存之道就是讓教練沒有他就會活不下去，這也是他之所以能在每個層級都能拿下冠軍的原因：不只是因為他有天賦，更因為他有智慧也有動力。一個像是肖恩·貝提耶這樣的球員，在每支球隊中都是不可或缺的。

接下來，當然也要說說韋德。我不但尊敬他所具備的天賦，他在場下為了讓邁阿密三巨頭順利配合而付出多大的努力，更令我肅然起敬。這是你不會在球場上看到的一面，透過不斷地和大家共進晚餐、與每個人私下進行大量的溝通、投入許多心思找出讓我們適應各自新角色的方法，才能將我們凝聚在一起。這些你看不到的事，都是韋

德帶頭在做的。而且，就如我所說，邁阿密是他的地盤，因此他的挺身而出也讓新隊友有了賓至如歸的感覺。

他跟我們討論的不只是籃球。你懂的，戰術討論久了也會有厭倦的時候，他就是那種會在這時候講出一句「嘿，兄弟，最近過得怎麼樣啊？」的人。大家都知道德韋恩在場上能做什麼，但你們真該知道在場下的他還做了什麼。他是一位真正的領導者，不僅會督促你繳出最好的表現，也願意和你討論生活中的大小事。

而你知道嗎，當你在聯盟中打得和我一樣久時，就會遇到一些有趣的情形。有一天，在你環顧四周時，會發現身邊的年輕人都在尋求你的指引。在某個你無法確定確切時間的日子，你會發現自己成了某些年輕人的偶像。當我在職業生涯中達到這個階段時，我很幸運可以回顧這些優秀隊友們的作為並如法炮製。

如果這些觀察著我如何打球與訓練的年輕人能從我身上學到一點東西，那我希望他們能明白籃球是一門生意。每當有球員被交易時，就會有很多人提到這句話，告訴球員們不要太重感情、要自立自強，因為你所屬球隊的總經理可能也不會太在乎你的心情。但這不是我想表達的意思。我想說的是籃球是我們的工作，我們每天都要為此付出勞力，一天都不能浪費。我知道在練習甚至是在例行賽

的一場比賽中稍微偷懶一下，然後說「好啦，休息一天應該還好」這種放自己一天假的感覺有多麼誘人。

但這是一門生意，也是我們的工作、我們的使命。我跟你保證，如果我們偷懶一天，就會被這項競技給拋下一點。所以就像以前的前輩關照著我一樣，我也總是想關照這些年輕人並督促他們。我會這麼做，不只是因為我希望能幫助球隊贏得勝利，也是因為我關心他們能不能獲得成功。而我知道，在你的職業生涯剛起步時，得到一個關心你前途的前輩會有多大的影響。

我記得有個隊友曾告訴我：「我只是希望你能有不錯的表現。」我一直把這句話記在心裡，也試著讓年輕的隊友們知道我也對他們有一樣的期望。當一個隊友就是要這樣：不只期許自己表現優異，也希望球隊中的每個人都能繳出傑出的成績。

與前述提及的案例形成對比的是資深四分衛和菜鳥之間長久以來的鬥爭。「我不是來當老師的。」這是他們業界中的一句名言。[2]你得靠自己爭取在球隊中的一席之地。

我沒有要評判這樣的心態是否正確，因為我知道他不

2　譯註：二〇一九年，四分衛喬·弗拉科（Joe Flacco）被交易到丹佛野馬隊，在記者們詢問他是否會幫助球隊當年在第二輪選秀挑上的德魯·洛克（Drew Lock）成長時，他便回答了這句話：「我是來贏球，不是來當老師的。」

只是為了自身利益而說出這樣的話。我覺得自己跟幾位老將相比，不太懂得怎麼培養年輕球員。雖然誰不擔心自己被取代？但我會這樣不是因為自私，而是因為我天生是個沉默寡言的人，加上跳脫舒適圈很困難的緣故。我還是希望自己要是能多說幾句話、多與他人建立一點連結、多和隊友吃幾次晚餐、接觸更多需要我幫忙指點的人就好了，至少我真的有在努力突破舒適圈，而我也為此感到自豪。

所以，就像我能夠列出一串名單，講出哪些隊友啟發了我成為今日的自己，我也希望自己對某些人而言是這樣的隊友。我從別人身上學到的不只是這個行業的眉眉角角，還有做人的道理，而我也希望自己有把別人傳授給我的這些知識傳承下去。據說大腦會一直發育到二十五歲左右，對吧？大多數剛進聯盟的人年紀都遠低於二十五歲，他們還在學習怎麼當個職業選手、怎麼當個成年人，而我希望自己能幫到他們一點忙，就像昔日的老鳥隊友們也曾幫過我一樣。

最重要的是，我希望他們願意信任我。因為正如我所說，一支球隊中的球員若不信任彼此怎麼有辦法攜手合作。我從不浮誇，而是希望自己能當一個堅實可靠、值得信賴的人。我希望我的夥伴相信我會支持他們、會毫不畏懼地挺身而出，對此不曾有過一分一秒的懷疑。無論發生

什麼事、比賽有多麼激烈，我都希望他們知道，我是個值得依賴並願意為了勝利而多傳球、多掩護，甚至必要的話就連赴湯蹈火也在所不惜的人。

只要邁阿密熱火還是一支籃球隊，我的球衣就會繼續被懸掛在體育館的屋頂上。但有件事對我來說也很重要，那就是我希望曾經和我一起打過球的年輕球員們記得我是個怎麼樣的隊友，也希望他們日後能將相同的精神傳承下去。

沒有人知道你能在體育界達到多高的成就，也許你和我一樣幸運能成為一名職業選手，也許高中或大學時期就是你運動生涯中的巔峰時刻，但這都無所謂。重要的是不論你投入了哪項運動之中，都能從中獲得一件最棒的事物、一項能引領你的生涯到達下一個階段的技能，也就是當一個稱職隊友的能力。

成為一個願意幫助其他隊友、期望隊友表現出色的人。然後藉由幫助他人，也讓自己變得更好。

不論勝敗，都要保持平常心

Winning and Losing: Not Too High, Not Too Low

　　我知道你可能不常讀詩，沒關係，我也沒有特別熱衷於詩句之中。

　　但身兼球員與父親二職的我，愛上了〈假如〉（If）這首魯德亞德・吉百齡以父親角度出發，把建議寫給兒子的詩。事實上，這首詩講述了你在能自認為是一名成年人之前，必須要做的每件事以及必須培養的精神力。這是首很經典的詩，你該讀完它。

　　不過我想提出幾個重點段落，若以運動員的心態來看，這幾句話聽起來簡直像是詛咒，但這正是我想和你討論它的原因。挑戰在我們心中根深柢固的觀念，了解血淋

淋的事實真相，這是件好事。

詩的這部分是這麼寫的：

假如你在面對重大的勝利與慘痛的失利時
都能以相同的姿態迎接這兩種騙局般的結局

這句話是在探討比賽的勝敗，他想透過這番話告訴你，不管你贏得勝利還是打了敗仗，都不要讓它們影響你。

在我人生中的某一段時間，曾覺得任何認為勝敗沒有區別的人都是失敗者，這種人總是說著自己已經盡自己最大的努力了、這只不過是一場比賽而已之類的藉口。要全力求勝才有資格成為勝利者，對吧？

有句話說得好：勝利不是一切，而是唯一。[1]不是嗎？

但這些年來，在我看遍了輸贏百態後，我對此產生了一些見解。我希望在跟你討論這些看法時，不會讓你覺得我在胡說八道。因此我要先解釋一下我想表達的意思，以及他所描述的生活方式中飽含哪些大智慧。如果你能理解其中的意義，會因此讓你更快樂。雖然這麼說有點矛盾，不過這些見解能幫你贏得更多勝利、少吞幾場敗仗。

在我剛來到這個聯盟時，輸的感覺讓我很難受。我們

1　　　　譯註：執教UCLA的美式足球教練瑞德・桑德斯（Red Sanders）的名言。

獲勝的比賽寥寥可數，而且拿下一場比賽後，要等好久才能盼來下一場勝利。但有個隊友跟我說的一句話一直停駐在我的腦海裡：「贏了不要太興奮，輸球不要太低落，保持平常心就好。」

在聯盟中打過這麼多場比賽後，你必須明白不管是在場上還是場下，日子都還是要過下去。你必須懂得如何處理贏球和輸球後的情緒，不能讓自己因此太失望或興奮過度。假如你們在主場比賽的最後七分鐘搞砸了十五分的領先，你心裡會有怎麼樣的感受？一定會很尷尬，但你最好把它忘掉，因為一兩天後，你又要接著打下一場比賽了。

「勝不驕，敗不餒。」這種心態可以不讓一場敗仗就像雪球越滾越大、造就毀滅性的連敗，也可以避免一場大勝衍伸成滿招損的狂妄自大。

我已經用了不少篇幅討論在熱火贏得總冠軍戒、達成二連霸的事，因為它們毫無疑問是我生命中最棒的時刻之一。我相信你曾經看過某支球隊奪冠後在休息室裡開香檳慶祝的影片，嗯，這種經驗我有過幾次，而我可以告訴你，這種看著多年的夢想在當下實現的感覺是無法透過影片捕捉到的。隨著一場比賽中的計時器歸零，勝負便會揭曉。如果你成為了最終的勝利者，就能體會到一種沒有任何人能奪走、沒辦法再更興奮的快感。

但我現在要告訴你的是一個關於輸球的故事。二〇〇三年三月，喬治亞理工在NIT（National Invitation Tournament）錦標賽八強賽中敗給了德州理工（Texas Tech）。這是我大學生涯的最後一場球賽。的確，這有點算是草草結束的結局，我的意思是，我們甚至連NCAA錦標賽都沒打進去。我們那年的勝率只有稍稍超過五成，很明顯就算打進錦標賽，也走不了多遠，更別說晉級最後四強並以冠軍之姿割下籃網。由於那時我很確定要進軍職業球壇，所以第四節比賽結束的哨音響起時，我幾乎可以肯定這是我在大學的最後一場比賽。我知道前方還有職業生涯在等著我，而且正如我提到的，從很多方面來說，我在大學打球的時光都稱不上順遂。不過無論如何，這都是我生命中一段篇章的結束。

　　這是一種完全無從挽回的失落感，我知道自己沒辦法在這個球季結束時剪下籃網，以後也永遠不會有這個機會了。每個夢想過要在大學層級繼續打球的孩子一定都看過冠軍賽結束後的《閃耀一刻》（*One Shining Moment*）剪輯影片[2]，看過影片中的冠軍隊球員戴著冠軍紀念帽、穿著冠

2　　譯註：這是歌手大衛・巴瑞特（David Barrett）自稱在一九八六年看過賴瑞・柏德（Larry Bird）的NCAA比賽後文思泉湧寫在餐巾紙上的歌，在一九八七年起被CBS電視台用作冠軍賽結束後精華影片的配樂，也因此成為一項延續至今的NCAA錦標賽傳統。

軍紀念上衣，拿著他們自己爬上梯子從籃框上剪下的一小片籃網的畫面。如果我說沒能做到這件事，甚至連挑戰的機會都沒有對我來說沒什麼大不了，那就是在騙你。

你知道當我在贏得一場重大的勝利和輸掉一場關鍵的比賽後做了什麼事嗎？無論比賽結果如何，我都做了一個敬業的職業選手在每場比賽後該做的事，就是繼續努力。我看了影片、向教練尋求建議，然後將注意力轉移到下一場比賽，甚至是下一個球季、下一個層級的賽事。要怎麼做才能消除敗北帶給你的屈辱，證明一場大勝不只是僥倖而已？再一次成為勝利者就是這兩個問題的答案。

你想為一場盛大的勝利慶祝？可以啊，我也喜歡在獲勝後慶祝，有誰在奪冠遊行時不會樂在其中？更何況慶祝的是自己的光榮時刻。但是請記住，你的背後現在成了眾人眼中的箭靶，當你在慶祝時，其他人正在為了奪走你的榮耀而摩拳擦掌。

你想在一場大敗之後低頭怨嘆？請便。你不用問我知不知道失敗的感覺有多痛，因為我再清楚不過了。但是你多花一天在懊惱過去的失敗，就少了一天能用在努力消除它帶來的痛苦上，而這是唯一能將你的痛苦斬草除根的方法。

這兩種行為都無法淡化落敗後的痛苦。不管你參加什

麼類型的競賽都會有輸的時候，沒被第一志願錄取、邀請某人約會卻被拒絕，這些都是每個人在人生中會體驗到的落敗滋味。但每一場失敗都會在運動員心中激盪起驚心動魄的火花，因為在運動場上的輸贏都是一翻兩瞪眼的結果（總不會有人把輸的說成贏的），而且都會呈現在觀眾的面前。看看在NCAA三月瘋遭到淘汰時在板凳上哭泣的大學球員們、在世界少棒錦標賽中被淘汰後在球場上崩潰的少棒球員們，他們的情緒會這麼激動是有原因的。沒有人有辦法把自己的情緒抽離當下的情境，輸了就是輸了。相較之下，職業選手比較不常崩潰或落淚，但這未必意味著我們更加堅強，而是因為在成為一名職業選手時，已經在人生中體驗過太多次失敗的滋味了。我們或許不會因此崩潰，但還是會感到心痛。

當然，有人大勝，就代表有人吞了一場大敗。

近年來最戲劇性的投籃，當屬科懷·里奧納德在二〇一九年季後賽出戰七六人隊時投進的致勝一擊。你或許還能回想起當時的畫面，他從深遠的底角投出這一球，越過喬爾·安彼德（Joel Embiid）的頭頂，然後在彷彿觸碰到籃框的每一個角落後，才落入了籃框。球在籃框上彈了好久，科懷甚至還有時間可以蹲下來看著球涮過籃網。在這個聯盟中，我從現場和電視上看過了數百萬記射籃，但這

麼瘋狂的可能用一隻手就數得出來。而且這還是第七戰的壓哨球？天啊。

但從另一支球隊的角度來思考這件事的話，其實七六人在那個系列賽中並不被看好，卻能與該季最終贏得冠軍的球隊競爭到最後一秒，而且還打得平分秋色，就連最後一回合都打出了精彩的防守。如果能把對手逼得像科懷一樣要以這種方式出手，那已經是很精彩的防守了。七六人做了所有該做的事，只是還不足以守住這一球。

我也有過這種體驗，這種感覺很不真實。我們明明打得很棒……但怎麼突然輸了？更嚴重的是，有攝影機捕捉到了安彼德在哨音響起後落淚的鏡頭。這種感受我也經歷過，這是你生命中最原始、情緒最激動的時刻之一，結果還被全國性轉播的電視台播了出來。

然而你在下個球季還是得綁上鞋帶、振作起來踏上球場。他做到了，而你也必須這麼做。

我記得一位著名音樂家曾經告訴過我：「如果我在錄音室裡完成一張很棒的專輯，對我來說就是一場勝利。但我的製作過程沒有實況轉播給大家看，相較之下，你們能在萬眾矚目之下贏得勝利，這種感覺真的很不可思議。」的確，這種感覺真的很不可思議。但若我們輸掉比賽，也會成為眾目睽睽之下的敗北者。在球季中的每個夜晚，幾乎

都有好幾場比賽在進行著。你打開電視，隨時都能看到數以百計正處於生涯巔峰、精力最旺盛的黃金時期的運動選手在你眼前被對手狠狠修理。

　　我知道這是什麼感覺，因為我在勝負的天秤上也曾當過失敗者。我們在二〇一一年爆冷敗給達拉斯小牛，他們的明星球員德克・諾威斯基、傑森・泰瑞（Jason Terry）與傑森・基德都嘗過在總冠軍賽中落敗的滋味。小牛上一次揮軍總冠軍賽時，就是被熱火擊敗的，而他們做好了為上一次失敗報仇雪恨的準備，這也是他們額外的動力。

　　他們比我們更深刻理解到打進總決賽很可能是錯過就不會再有的機會，所以他們打出了截然不同的拚勁。他們奮不顧身地要搶下在地板上雙方都沒能掌握住的活球、與對手碰撞才能搶下來的籃板，為了爭取這種機率各半的球權，他們付出的努力比我們多了一點。而在整個系列賽中，這種拚勁起了作用，把百分之五十能搶到球的機率提升到了百分之五十一。他們知道飲恨敗北的感覺有多痛，因此他們秉持著再也不要嘗到這種滋味的心態在打球，這是他們之所以能夠獲勝的一個重要原因。

　　另一方面，我們的心智也還沒有磨練到足以承受這番壓力的程度。我們贏得首戰的時候，記得大家都覺得自己很了不起，好像我們已經搞定這個系列賽了。在我們第二

戰輸球時，卻又像洩了氣的皮球，覺得自己搞砸了一切。我們在贏球時太過驕傲，輸球時卻又太灰心喪志。一支球隊若想在面對任何對手時都打出主宰力與壓倒性的表現，就要有穩如泰山的從容態度，但我們有這種穩定性嗎？沒有。在整個系列賽中，我們的對手都比我們更成熟、更穩定，這造成了很大的區別。回顧這輪對上達拉斯的系列賽，我認為我們的弱點是欠缺了心理與生理方面的韌性。

我記得輸掉那輪系列賽，讓我彷彿變回十歲的孩子。當我們離開球場時，我記得好像有人跟我說了一句：「祝明年好運。」我不知道為什麼，但這句話幾乎讓我當場情緒潰堤。我想到了所有我們為此付出的努力、所有質疑我們的人、想到這個球季有多麼漫長，這真的可以把一個人給擊垮。你一輩子都夢想著要踏上總冠軍賽的舞台，但你可能一次都不曾想像過一路達成了這個夢想後卻搞砸一切會有什麼感覺。這就是我們當下的感受。為了消除這種痛苦，我什麼都願意做。然後更糟糕的是，我在全美轉播的電視台上哭了出來。這真的很尷尬，好想鑽進一個地洞裡。

而這成為了激勵我們的動力，是我們能在隔年贏得最終勝利的一個重要因素。

以這種方式落敗帶來的痛苦，就像是添加在火箭裡的

燃料，如果你沒有處理好，就可能會爆炸，然後摧毀你。
但如果你小心翼翼地使用，並在正確的時間輸送然後點燃
它的話——拭目以待吧！

　　如果你能把失敗的情緒處理得當，這會成為你最強大
的動力來源。你越是痛苦，帶給你的動力就越強。因為你
會記住這種感覺，並會心甘情願地為了不再重蹈覆轍而做
任何事，對吧？所以你會更努力訓練，做更多組重訓，提
早一小時出現在體育館。在我年輕時，每次輸球後不僅會
因此感到痛苦，還會檢討自己還能在哪些方面投入更多努
力。有時候，不管勝利對你來說有多麼理所當然，你都有
可能讓煮熟的鴨子飛了。所以我了解到，如果無法避免這
種因為輸球而感受到的痛苦，至少我可以減少為了檢討自
己還有哪裡需要加強而產生的苦惱。兄弟，衝刺訓練很痛
苦是吧，但有比輸球還痛苦嗎？沒有？那就繼續衝下去。

　　在我心目中，近年來在籃球界裡最著名的慘敗，發生
在二〇一八年的NCAA錦標賽。你可能還記得這場比賽：
維吉尼亞大學（University of Virginia，UVA）成為史上第
一支敗給第十六種子的第一種子。而且他們不只是輸一點
點，還被打得人仰馬翻，輸了整整二十分。的確，他們陣
中的最佳球員在幾天前受傷而高掛免戰牌，但這不足以成
為輸球的理由，更不該輸這麼多。從此以後，你會因為身

為這件事的苦主而變成一題益智問答的答案，想像一下，這是個多大的屈辱。但你或許也知道接下來發生了什麼事：維吉尼亞大學在隔年浴火重生，並終於贏得了那座要命的冠軍。

我應該沒辦法總結得比他們的總教練托尼・班奈特（Tony Bennett）更好了，不論是上一年落敗還是這一年獲勝都站在場邊的他是這麼說的：「顯然，所有的嘲笑、批評與羞辱，在這一刻都值得了。……如果你知道怎麼克服逆境，便能因此得到一張另闢蹊徑的票，引領你通往一個未曾到過的地方。」

我明白他的意思，因為我曾經以血汗掙到許多張這樣的票，也曾經為幾張票付出過代價。身為一名籃球選手，在漫長的職業生涯中，你不可能不曾拿過這種票。在美國的職業體育聯盟中，籃球（和冰球）每個球季的比賽僅少於棒球：一年有八十二場，更別說還要加上季後賽！我以職業球員之姿征戰了十三個球季，總共打了九百八十二場比賽，輸了四百三十七場，這其中有三十二場是季後賽。如果除了職業比賽，還要加上AAU、高中、大學與國際賽的賽事，那根本數不清我輸過多少次。我不會說輸球的感覺很好受，但我對它已經十分熟悉了。

如果你是一名運動員，或是想做一番大事，那你也必

須熟悉這種感覺。

你仍然不該與失敗為伍，然而一旦你收刀入鞘，便得學會如何面對失敗。裴頓・曼寧（Peyton Manning）是史上傳球成功率最高的球員之一，但他的傳球成功率也只有百分之六十五・三而已。他的傳球有兩百五十一次被攔截下來，有幾次更導致了他所屬球隊的敗北，甚至因此使球季就此畫下句點，令他們為之心碎。

另外，大家也都知道要擊出安打有多麼困難，如果你在大聯盟能繳出四成打擊率就可以入選名人堂了。泰德・威廉斯（Ted Williams）是目前最後一位寫下單季四成打擊率的打者，而這已經是距今大約八十年前的事蹟。然而即使你達成了這項瘋狂的成就，也依然代表你的十次打擊中有六次會出局。就算是泰德・威廉斯，他站上打擊區後無功而返的次數也遠高於有所建樹。

馬克・祖克伯（Mark Zuckerberg）的身價高達數十億美元，但他也是見證了自家公司在一夕之間締造有史以來市價最大跌幅的CEO，一天就蒸發了一千兩百億美元，夭壽。身為CEO的他達成了一樁現代商業史上最大的收購案，以低廉的價格成功買下Instagram，但他也曾經在多次試圖買下Snapchat時失敗。沒有任何一個國家、任何一位將軍、領導者、任何一支球隊不曾踢過鐵板。從來沒有。

你想要成為一個偉大的運動員嗎？你要做好準備在大庭廣眾下承受既痛苦又無從否認的失敗，而你失敗的次數會遠超過其他職業中的每個人。

我不知道要學到這一課對大多數運動員或對你來說會有多困難，但我要告訴你，這對我來說是件極為艱辛的事，因為我憎恨失敗。我在成長過程中，總是為每一次的挫敗痛心疾首。我花了好幾年的時間才有辦法承受失敗，才成熟到輸得起、放得下。在我還小的時候，每次輸掉比賽時我都會哭，讓我父親以為我是不是有什麼毛病，這可是真實故事。在我成為一名青少年後，我不再為輸球落淚了，但我還是會因此不快。

有一場敗仗讓我至今依然難以忘懷：當年我們打出了三十二勝二敗的戰績，有大好機會角逐州冠軍的寶座，然而我們在最後四強的階段敗給了來自聖安東尼奧的藍尼爾高中（Lanier High School）。實話實說，我們太小看他們了。有趣的是，藍尼爾高中是在去年決賽中落敗的球隊。他們知道輸球的感受，這是導致他們比我們更飢渴的部分原因。此前的我們不知道輸球有什麼感覺，而現在我們嘗到了這種不知道為什麼會這麼痛苦，或者至少我不知道為什麼會如此痛徹心扉的滋味。這種感覺的其中一部分是因為我知道自己在同學、朋友和家人面前馬失前蹄而產生的

尷尬，還有一部分則是羞愧。不管你從失敗中感受到了什麼，隨它而來的痛苦都會不斷地刺傷你。

隨著我長大，我了解到接受失敗不會令你成為一個失敗者，而是能讓你變得更勇敢。你必須在知道不管有多少籌碼都可能不夠的前提下，將自己的一切作為賭注。失敗帶給你的傷害越大，你就要為此承擔越高的風險。當我理解了這一點，我便學習到，一個人需要具備真實且巨大的勇氣，才能在失敗後的隔天繼續迎接相同的挑戰。

有些人在面對失敗時會啟動自我保護機制，你懂的，他們會說：「噢，這沒這麼嚴重啦，沒事，我很好。」有很多人則會在輸球後找一堆像是運氣不好、裁判有問題、教練應該安排更好的戰術之類的理由。不論如何，有太多太多人在輸球時，會把矛頭指向別人，而不會自我反省。我知道自己也有過這種怪東怪西的行為，次數多到我都不好意思承認了。我見過有些隊友會把問題怪到其他隊友、教練、海拔、睡眠不足或裁判身上，我自己也曾這麼做過。而這些藉口都是在逃避眼前的現實，只有實力不足的人才無法面對事實：你會輸必定有會輸的原因。很多時候，別人的表現就是處處都比你好。接受事實，並找出能在下次重返這個舞台時表現得更好的方法。如果你把矛頭指向別人卻不檢討自己，就失去了一個精進自我的寶貴機會。

即使你是因為錯誤的吹判才輸掉比賽，也還是要自我反省。如果你把注意力集中在錯誤的哨音上，你就失去了能幫助你撐過下次訓練或下個球季的動力。你沒辦法決定裁判在關鍵時刻的哨音尺度，但你可以決定要把自己的心力投入到哪裡。

「你知道嗎？我們表現得不夠好，簡直糟透了。」在你輸掉比賽的時候，真的要很有勇氣才能夠說出這樣的話。你必須承受這番痛苦，並將它內化為下一次表現得更好的動力。然後你必須為下一場比賽做好準備並全心全意地上場奮戰，不要因為擔心再次輸球會受到多大的傷害而畏首畏尾。

你要找出從失敗中學習的方法，學習如何從失敗中獲益、如何在面對失敗時表現出既不失禮又不示弱的態度，這是個很重要的平衡。每個人都有可能會輸，但你的心理素質必須十分強韌，才有辦法輸得漂亮。

你要怎麼做呢？嗯，經驗幫得上忙。另外你也要了解，不管比賽是贏是輸，都不影響你這個人的本質，不管記分板上的比數如何，你都可以對自己的表現感到驕傲。跟「沒關係，這只不過是一場比賽罷了」這種話不一樣，這代表的是明白在比賽中有些重要的事情並不會因為勝負而有所改變。更重要的是，你該為自己踏上競技場而自

豪。你背負著輸球的可能性、賭上了自己的一切，這可是看台上大多數的觀眾都做不到的事。無論比賽結果如何，能夠在場上毫無保留地奮戰就已經值得驕傲了。

這會讓你在贏得勝利的時候體驗到更棒的感觸。如果你不明白失敗的箇中滋味，又怎麼明白勝利的特別之處呢？沒有冷，就沒有熱；沒有黑暗，就沒有光，對吧？所以，如果沒有敗者，也不會有贏家存在。然而出於一些令人沮喪的原因，勝不驕的難度遠高於敗不餒，而且在勝利之下還潛藏著更多的危機。

我曾經在二〇一一、一二、一三與一四年四度站上籃球界的巔峰戰場。我們輸了兩次，也贏了兩次。在這四年的中間兩季，我們贏回了冠軍桂冠。儘管從表面上來看這兩個球季都是以贏得冠軍畫下句點，我這兩次捧起冠軍獎盃的心情卻截然不同。

二〇一二年的感覺更像是一種解脫。我們驅除了前一年因爆冷輸球而盤旋在腦海中的心魔，讓那些質疑我們太過自我中心、妄自尊大而無法勝過頂尖強者的人無言以對。每個人的內心都住有一個質疑自己的人，他會在你打出一場糟糕的比賽後或者在你投籃找不到準心的時候，緊跟著你、說你永遠都不會成功，而我也讓在存在內心深處的這個人閉上了嘴巴。我藉由二〇一二年贏得的勝利，證

明了這些來自我內心深處與外界的質疑聲浪都是錯的。

　　不過我們的目標從一開始就不只是拿下一座冠軍，而是要拿很多座。所以雖然我在那個夏天花了點時間沉浸在勝利的喜悅之中，但我很快就回體育館報到了。

　　我們全隊都很清楚，奪冠的目標會一年比一年更難以達成，不只是因為我們又老了一歲與可能更得意忘形，也因為聯盟中的每支球隊又多了一年份的球探報告，得到了更多有關我們的情報。你現在成為了冠軍，有些人會對你有更高的期待，也有人對你的恨意又多了幾分。黑馬和年輕的挑戰者可以偷偷地鴨子划水，然而一旦你站上了巔峰，那麼直到你落馬之前都會成為別人用顯微鏡研究的目標。如果你覺得人們會因為你贏得總冠軍而尊重你，覺得人們會對你鞠躬哈腰或是俯首稱臣，那就錯了。每個人都拿著槍口對準你，想要把你打倒。為反而反的人和質疑你們的人會傾巢而出，提出各種理由來解釋為什麼你們的獲勝只不過是曇花一現、走了好狗運，或是解釋為什麼你們依然無法與過去的偉大球員相提並論。

　　想要在明年繼續贏下去，你必須拿出更好的表現，就像在跑步機上跑步一樣，你必須加快腳步，才不會在它速度越變越快時跌下來。與此同時，我們還必須與雷·艾倫等新隊友磨合，並學習如何和他們打出最高水準的表現。

要完成這些任務，至少要花一整個球季的時間。

因此我們在二○一三年克服了這些困難完成連霸時，我認為自己當下的感覺只能用歡欣鼓舞來形容。我明白了我們的成功絕非僥倖，也了解到我和隊友們有辦法連續兩年克制內心的自負，更知道了選擇成為一名團隊型球員、並看著自己為隊友做出的犧牲有所回報時有什麼感覺。這很難形容，但在二○一二年，我覺得我們只是贏了一次，而在二○一三年，我覺得我們成為了懂得怎麼贏的贏家。

我記得在那場比賽結束後，我和很多人都哭了。我以前在電視上看到別人奪冠時，總是好奇「這有什麼好哭的？」嗯，我終於懂了。這種感覺就像是你的自我懷疑、害怕這只不過是僥倖為之，以及疲憊感這些你本來在極力克制的情緒，一口氣從你的身體裡宣洩了出來。

這是一種很棒的感覺，但你的處境也會變得十分危險。就如你所知，也如我一直以來所擔憂的那樣，我們再也沒能在這個舞台上展現出團隊精神，也因此在隔年的總冠軍賽中，馬刺只花五場比賽就把我們解決了。

約翰‧伍登教練曾說：「奪冠需要天賦，衛冕需要人品。」即使你已經滿足了年輕時挑戰冠軍寶座的欲望，你還是要繼續克服逆境，才能一贏再贏。如果你已經證明了自己，那證明自己的渴望就沒辦法再鞭策你繼續前進，而

是要藉由對於卓越的熱愛與一股想盡可能在場上繳出最高水準的表現、盡可能延續生涯巔峰的欲望惕勵自己。每當你達成一項成就就會少掉一些外在的動力，最終驅使著你的就會只剩你內心對於追求卓越的堅持。一九八七年，在湖人舉辦冠軍遊行時，派特・萊里站上講台並誇下海口：「我們會再拿一次冠軍。」這一次的奪冠遊行都還沒結束，居然就向大家保證球隊能完成連霸，這種話不知道該說是太瘋狂還是太傲慢。但萊里了解他的球隊，也知道他們可以完成這項挑戰。在球隊成員都想著暑假要怎麼過的時候講出這番話，絕對會引起一些怨言，然而隔年的湖人卻成了當時近二十年來第一支完成二連霸的球隊。

籃球與大多數的體育競賽一樣，一支常勝之師要在下個球季複製成功的難度會一年比一年還高。挑戰衛冕的冠軍隊的選秀順位是最低的，而且除了在總冠軍賽對決的對手之外，他們上個球季打的比賽比任何球隊都還要多。陣中重要的球員為了追求更多的薪水與個人成就而離開、助理教練被挖角到其他球隊擔任總教練的情形更是層出不窮。在無形的層面上，一成不變的勝利也很可能讓人失去動力。這些因素都是實實在在的考驗，考驗著球員是否具備為了延續既有的成功而持之以恆的特質。從這個角度來看，籃球與你在人生中會遭遇到的其他挑戰沒什麼兩樣。

在年輕時要心生飢渴感並不難，在年紀增長且獲得成功時要保持飢渴感，才真的是難上加難。

想想那些偉大的王朝球隊：喬丹的公牛隊、九〇年代初期的牛仔隊（Dallas Cowboys）、九〇年代後期的洋基隊（New York Yankees），你可能跟很多人一樣討厭他們，但你必須給予他們尊重。這些球隊做到的不只是連續奪冠，更是年復一年地在難度更高的條件下打出好成績，也因此令連年維持長盛不衰成為一件如此令人敬佩的事。即使他們追求勝利的外在動力一年又一年地減少，這幾支球隊還是全心全意地在堅持卓越。

看看像史蒂芬・柯瑞這種在籃球場上已經無須再證明自己的球員依然在熱身時命中一記又一記的投籃，你就能直截了當地明白什麼叫做不為勝敗所動。這並不是說贏了不要開心、輸了不能心痛，而是要跟他熱身投籃時一樣，不管前一場比賽是輸是贏都保持著一樣的平常心。他做好所有他能做的事，剩下的就聽天由命了。跳投涮過籃網的清脆聲響、傳到空切隊友手中的刁鑽傳球，他在比賽中揮灑出來的這些傑作，不管在球隊領先還是落後二十分時都一樣精彩。

因為這樣的球員明白自己與這項競技本身相比有多麼渺小，所以他的內心不會隨著勝利而血脈賁張，也從不因

失敗而太過低落。斯多葛學派的一位偉大哲學家塞內卡（Lucius Annaeus Seneca）早在籃球這項運動問世之前就明白了這個道理。大約兩千年前，他以父親幫助兒子學習如何成為一位優秀運動員的角度出發，寫了一些建議：

> 我們不應該讓他在與戰友較量時悶悶不樂或暴跳如雷。讓我們確保他與對手進行的是一場君子之爭，這樣他才能在鬥爭中學習如何征服對手，而不會希望傷害到對方。每當他獲得勝利或立下了值得讚揚的功績，我們應該讓他享受勝利，但不要讓他太快陶醉在喜悅之中。因為這種喜悅會變成洋洋得意，接著就會變成狂妄與自大。

重點是，成為一個有運動家精神的人不只能令對手感受到善意，更對自己有益。輸的時候生氣、贏的時候成了一個驕傲的混蛋，只會讓你更難以進步。雖然形式不同，但它們都會摧毀你追求非凡成就的可能。

這就是為什麼即使是最偉大的勝利者也要以正確的視角看待勝利。二〇〇一年，我獲選為高中的全美明星隊一員，科比·布萊恩來到了我參加的某個訓練營中和我們交流。我記得當時正與「俠客」在湖人聯手挑戰連霸的他，

對我們說了一些類似這樣的話：「如果你覺得透過贏得勝利能讓你變成一個完整的人，那你就錯了。」他告訴我們，這個球季打完還會有下個球季，而每年都會產生新的冠軍。就算你達成連霸，連霸之旅也終究有一年會告終。勝利帶給你的快感只是暫時的，如果你把追逐這種快感當作自我認同的一部分，那它將來有一天便會辜負你的期望。我一直把這番話記在心裡，儘管它再怎麼誘人，我還是從未將勝利視為能讓我更完整的一片拼圖。當然，現在科比已經不在人世，這些話對我也有了更深的意義。

身為一個連續四年與勝利和敗北共舞的人，我要告訴你，這兩者都會蒙蔽你的雙眼。我沒有在開玩笑。當你擁有真正堅強的精神韌性，就會明白計分板上的分數並不會影響你自己的價值與內心深處的快樂。勝利並不能讓你獲得心靈上的寧靜，而失敗也未必會讓你的心神因此不得安寧。

是的，我們熱愛體育競技的其中一個原因，就是因為它們比現實生活還要誇張、煽情。在體育賽事中，隨著哨音響起，你可以很清楚的辨別出誰輸誰贏。塞爾吉奧·德拉帕瓦（Sergio de la Pava）在他的小說中描述一支美式足球隊老闆在重要比賽前給球員打氣的場景時，寫出了一句名言：「絕大多數人投入心力的事業中，不會明確地分出勝

者和敗者，甚至不會顯示出分數。有一部分，這代表著他們可以在必要的時候欺騙自己，但你們沒有這種餘裕……每個星期天都會有個分數明示你身為一名球員的價值，最終球隊的戰績會把你的價值彰顯得更清楚。」比爾・帕斯爾斯（Bill Parcells）這位NFL的傳奇教頭更是直截了當地說：「你的戰績說明了你的價值。」

　　人生，或至少是你參與的運動賽事之外的人生，比這複雜得多。你在回首過往時可能會發現某件原本被你認為是一場重大勝利的成就，其實是一切錯誤的開端。你也可能在回顧一件原本在你眼中是失敗的事件時，發現它其實引導你走上了正確的道路。甚至你還能自欺欺人，扭轉大眾對一場勝負的認知。

　　除了體育競技之外，你人生中的其他事蹟都不會留下戰績，至少不會像是十六勝零敗或是八勝八敗這種清楚的紀錄。但如果說有什麼是你可以從運動中學習並進而運用到人生之中的，那就是不要欺騙自己。不要用輸了其實是贏了的想法來欺騙自己，更重要的是，不要盲信你在學校、工作、金錢與愛情等方面上取得的成功能讓你變得更完整。這種事不會發生的。有很多看似贏得勝利的人，在日後的人生中被人們發現其實是真正的輸家。

　　對我來說，這就是為什麼無論比賽結果如何，我們都

要展現出風度。紀錄片《最後之舞》（*The Last Dance*）中，以賽亞‧湯瑪斯（Isiah Thomas）與比爾‧藍比爾（Bill Laimbeer）在東區冠軍戰落幕後拒絕與公牛隊握手的畫面，和卡爾‧馬龍（Karl Malone）追上了公牛的球隊巴士、上車並越過一群連續兩年擊敗他的人走到車廂最內部與喬丹握手的一幕形成了鮮明的對比。我看到這兩個段落時，內心大感震撼。我可以告訴你，看到後者戰勝了自己、克制住情感與靈魂的這一幕，就如同我在球場上所見過的幾個印象深刻的壯舉，每次回想起來都令我澎湃不已。

就像我之前寫給你的信裡提過的一樣，你要找到一個為什麼，幫助你克服勝利與失敗帶來的每一個危機；找到一個為什麼，幫助你在想放棄或投降時繼續前進。你不是因為你的戰績，而是會因為這個特質成為一個了不起的人。你在一生中遭遇到的高峰與低谷會多到超乎你的想像，而你的為什麼就是令你能克服這些起起落落的原因。

開工了，開、工、了！

Do the Work. Do. The. Work.

該怎麼做，才能成為冠軍？

成為冠軍，要付出哪些代價？

我唯一知道且喜歡的答案出自於崔佛·莫瓦德（Trevor Moawad）之口。他是與羅素·威爾森（Russell Wilson）共事的心理教練。

「想獲得什麼，」他說，「就必須付出相同的代價。」

與許多直到現在仍然能引起大家共鳴的智慧相仿，這個概念也有個古老的源頭。在羅馬時代，斯多葛學派哲學家愛比克泰德（Epictetus）也曾說過一樣的話：「運動員要先決定自己想成為怎麼樣的選手，接著要為了達成目標做

好該做的事。」

做好該做的事。想獲得什麼，就必須付出相同的代價。

這很簡單也很複雜，但這是做得到的。

你必須相信，如果別人做得到，那你也可以。這是個非常強大的信念。我從小看著魔術強森和喬丹長大，也許你從小看著我或是史蒂芬和KD長大。也或許你欣賞的人是斯普德·韋布（Spud Webb）、沙奎恩·葛瑞芬（Shaquem Griffin）、托馬斯·希策爾斯佩格（Thomas Hitzlsperger）或莉莎·萊斯莉（Lisa Leslie）。不過不管你仰望的偶像是誰，這些人在他們的運動與事業中所取得的成就都不是超級英雄才做得到的事。願意投入心力、盡其所能並為了目標而付出同等代價的傑基·羅賓森（Jackie Robinson）不是外星人，而是一個男人、一個人類，就與你我一樣。這些先驅者之所以能達成這些創舉是因為這些都是一個人能力所及的事，意即我們也做得到。

你無法提前知道要花多少成本才能達到一流的水準，這可不是有標價的商品。然而每當你為了這個目標需要具備更多能力時，就要因此付出代價。如果你有辦法在一開始就知道這個代價有多高，像是知道「命中一萬次罰球、跑一千次短距離衝刺、拉五百次單槓，就可以成為冠軍」

的話，那每個人，或者說幾乎每個人，都當得上冠軍了。追求卓越的困難之處在於，除了要具備對比賽的熱愛，還無法保證自己的所有耕耘都能有所收穫。

你要為此付出代價。

每天。

持續一生。

就算如此，都可能還不夠。

我知道你有多渴望成功，我也很想。我告訴自己，我已經準備好為此全力投入了。我知道我的偶像們有多努力，知道他們投入了多少時間在體育館、知道他們在投進既定數量的球之前不會結束訓練。我聽說身為高爾夫球隊一員的老虎伍茲（Tiger Woods），居然是史丹佛大學裡唯一一名有美式足球隊重訓室鑰匙的運動選手。

我的偶像們總是在說自己為了攀上巔峰投入了多大的努力。他們在高中或少棒聯盟時期的前教練接受採訪時，也總是在說這些子弟兵訓練時有多認真。甚至他們在孩提時代花了多少時間在體育館裡訓練的部分事蹟，也會成為傳說流傳下來。我想向這些人看齊，想和他們投入一樣多的心力到比賽之中。

所以我知道認真訓練的重要。但是在我走上這條路時，我不知道要多努力才算是認真訓練。沒有一個孩子會

知道這種事，至少這個階段還不懂。

　　我很幸運能擁有天賦，但某種程度來說也是一種不幸，因為這讓我剛開始打球時打得太輕鬆，使我低估了要成為一名偉大球員得付出多大的努力。或許你也遇到了一樣的情形，但有一天你會發現，要達到更高的水準、要成為一個真正偉大的球員得付出比你想像中更多的時間。

　　這就是認真訓練的意義。沒有人能保證你可以抵達自己所期望的終點，但還是得一次又一次逼迫自己的身體與心靈突破極限。就如我們所討論過的，這時的你會累到不行。但你要做的不只是戰勝身體上的疲勞，還得為了追求這個目標展開一段漫長的旅程，為此反覆再三地進行訓練，並為了這項技藝奉獻自己的一生。如果成功是可以被保證的，那麼就不需要為此付出這麼艱辛的努力了。目標會和代價一樣高。

　　我們現在是在討論練習嗎？[1]是，我們就是在討論練習沒錯。沒有練習，你就打不了比賽、贏不了冠軍和MVP、拿不到簽約獎金、傳不出完美的背後傳球、執行不了恰到好處的空中接力，更沒辦法贏得一場逆轉勝。

1　　譯註：二○○二年，艾倫・艾佛森（Allen Iverson）在記者逼問為何缺席訓練時，除了解釋自己為何缺陣之外，也講出了這句著名的話。此處波許即是在模仿當年艾佛森回應記者的語氣。

不努力練習，這些事都不會發生。

你想實現夢想、獲得獎盃、成為百萬富翁、贏得冠軍、打響名號或達成各種你想做到的目標嗎？很棒，這些都是大家想獲得的成就。你不一定要給自己定下這麼遠大的目標，你想要寫一本書、彈得一手好鋼琴、考試考出好成績、學會另一種語言嗎？很棒，這些也是大家想做出來的成果。

或者更確切的說，他們想要的是擁有這些成果。

他們想付出努力來獲得它們嗎？

他們願意為此付出任何代價嗎？

才不呢。

科比‧布萊恩曾在接受採訪時提過自己在小時候做過一個訓練，每天晚上，他都會在上床睡覺時想像自己在一場NBA比賽中手感火熱、投籃百發百中，在得到一百二十分或達成某個誇張的得分紀錄之前絕不罷休。

很多年幼的孩子也曾做過這種事，而科比與他們不同的地方在於，隔天他會去球場練習投籃。而且他不是隨意地投籃，而是會模擬每一種可能出現的情境，從球場上的每個位置出手。底角三分球、背框單打後接連著後仰跳投、掩護後的投籃，只要是比賽中會出現的情形，無論是哪一種，他都希望提前在精神與身體上做好準備。「只要你

把這些流程下載到你的系統裡，」他說，「踏上球場就只是在執行這些你已經做過幾千次的事而已。」

我共事過的每一位教練都能分享類似的故事，講述一、兩位偉大球員為人津津樂道的練球習慣。有個認識史蒂夫·奈許（Steve Nash）的助理教練告訴我，不論當晚是否打過比賽，史蒂夫和德克·諾威斯基每天晚上都會回到球場投好幾百球。每天晚上兩人都在攜手訓練，這幾乎已經是他們的例行公事了。我思索一陣後得到一個結論，老天，如果連世界上最好的射手都在每個夜晚練習投籃，那我最好也這麼做。不管是在籃球方面還是別的領域，要怎麼收穫就要先怎麼栽。

事實證明，我景仰的每位球員背後都有一段他們在沒有錄影機拍攝、其他球員收工時為了比賽投入多少心力的故事。由於當時纖瘦的禁區球員並非主流，因此我記得第一次看到有個跟我一樣瘦、也能投外線和蓋火鍋的年輕人在NBA打拚時，就愛上了他。剎那間，我得到了一個可以在自己的職業生涯中效仿的模板。這個瘦小的年輕人就是凱文·賈奈特。我不只會看他打球，還在臥室的牆上貼滿他的海報，並盡我所能地尋找並吸收關於他的每一篇文章與每一次的採訪內容。每當他透露出為了追求籃球的巔峰而做出哪些努力的相關線索，我便會堅信不移地為此做出

相同的努力。

我在聯盟中初出茅廬時發生了一件令我驚喜萬分的事，那就是能與山姆·米歇爾教練共事。他不但是前職業球員，也是KG的心靈導師。他腦中有許多關於KG的故事，這對我來說實在太幸運了。我總是問他「KG是怎麼練低位腳步的？他會做什麼來加強自己的跳投？」之類的問題。山姆告訴我的故事，其中的細節會因主題而異，畢竟要精進低位倒叉步和掩護後隨接即投的方法不一樣。但這些故事都有個共通主題，就是KG每天都會在體育館裡努力訓練。

我不知道你的偶像是誰，但我可以跟你保證：不管他是何方神聖，能達到現在的高度都並不輕鬆，為此付出了遠遠超乎你想像的努力。

如果你在看著你景仰的運動選手時曾想過為什麼他們能在壓力下表現得如此出色，那是因為他們在練習時一遍又一遍地模擬過這種壓力情境，直到習慣為止。科比之所以能投進這麼多關鍵一擊，有部分的原因是他幾乎一輩子都在練習時想像自己該怎麼在關鍵時刻命中投籃。「我在小時候就做過大概一百萬次這樣的訓練，」他說，「而且我一定會投到進，因為我就是負責計時的人，如果我沒投進，就會把計時器倒轉一秒回去。」

我永遠不會忘記雷·艾倫在二〇一三年總冠軍賽第六戰最後幾秒鐘投進的那記驚滔駭浪的跳投，把我們從敗北的懸崖邊給救了回來。我在亂軍之中抓下那記籃板時，發現他自然而然地退到底角。在我把球傳到他手裡的那一刻，接到球的他無暇注意腳下的位置、靠著本能退到了三分線外。在我重整態勢、準備繼續搶籃板之前，雷已經在一秒鐘不到的時間裡擺好了投籃的姿勢、起跳並有如行雲流水般地把球從手裡投出。在我們贏得系列賽後，艾倫對一個記者說：「我想這一記投籃我已經投過幾十萬遍了。」對，他說的就是那一球。

　　而且他幾乎在球場上的每一個角落都已經出手過數千次。他有一份完整的投籃清單，他會按照這份清單在場上的每個定點進行投籃訓練，為了確保在第四節的最後關頭、身體對自己尖叫抗議時仍能把球投進，在耗盡所有體力前，他會一遍又一遍地練習，為此進行一記又一記的跳投、一次又一次的演練。而且他練的不只是定點投籃，還會練行進間的出手、隨接即投、掩護後出手、一次與兩次運球後出手、近距離與中距離投籃、三分球、禁區外面對防守者出手、後仰跳投……在每場比賽開始的四小時前，他會把清單上各式各樣的投籃都練過一遍。他說，他不想在比賽時有任何一記投籃是在當天還沒練習過的情況下出

手的。

　　練習之路不僅永無止盡，你的練習量更需要與時俱進。這是在你開始練習後，大家不會告訴你的祕密。還記得剛剛提到雷投進一記幫助我們打進延長賽的投籃嗎？這一年是他在聯盟拚戰的第十七年，也是在邁阿密與我們並肩作戰的第一個年頭。他沒有為球隊先發過任何一場比賽，就連平均出賽時間也只有將近整場比賽的一半。但他每場比賽中有半數以上的出手跟在比賽最後六秒鐘挽救了我們冠軍希望的那一球一樣，是來自三分線外的投射。我看過雷練球，而我敢打賭，他在職業生涯第十七季練習後撤步三分球的次數絕對比第七季還多，而他第七季的後撤步三分球練習量又超過了第一季。因為在雷來到這個聯盟後，他的任務越來越偏重在跳投上，因此他必須更加專注於磨練這項技能。

　　當今的史蒂芬・柯瑞也是這麼做的。每次訓練結束後，他都會多投三百次籃。二〇一七年，《ESPN》的報導指出他和隊友們在練習時投進太多球，所以體育館的籃網都被他們給弄破了。難怪不管是哪一份史上最佳射手的排名，史蒂芬和雷都能占據前兩名。許多父母會在勇士隊比賽時帶著孩子早早來到現場，看史蒂芬・柯瑞進行一套完整（且累人）的賽前訓練。史蒂芬早已無須再證明什麼

了。他不僅是全票通過的聯盟MVP、多年獲選參加明星賽的為明星球員，更是一位多次稱霸聯盟的冠軍得主。

然而他還是會在每個晚上的比賽前進行他的雙手運球訓練，為了能在這項技術或動作上取得一絲一毫的進步而努力。想想看，在每項訓練時少做幾組的份量、在每次例行訓練時減少訓練項目，或是取消他在勇士主場從通道投籃這項遠近馳名的賽前儀式，對他而言會是個多麼輕鬆的決定。如果他想放鬆一下，也沒有人會怪他。已經是個全球性指標人物的他有三個孩子、一家製片公司，還有大概一百萬件事需要他來操心。但一個贏家在準備比賽時，可不會分心想這些事。

重點是，雷和史蒂芬可不是自虐狂，他們並非在漫無目的地折磨自己。他們和每一位優秀球員都不僅努力，也很聰明，會十分嚴格地慎選自己想要精進的技術。他們總是能找出自己在比賽中有什麼弱點，並把心力放在這些弱點上。你對自己的外線投射很滿意了嗎？那就去練運球。滿意你的運球技術了嗎？那就練壯一點，這樣你才可以承受低位的碰撞。你隨時都找得到自己還有哪些層面需要加強。今天，你打算要做什麼訓練呢？

我看過有些人的訓練面向太過單一，他們自滿於自己在這項運動中磨練得臻至化境的一技之長，雖然總比沒有

好，但這並不是一條能邁向偉大的道路。另外，雖然刻意把重心放在自己的弱點上可能會覺得不太好受，因為這意味著承認自己有弱點，這可不是每個人都做得到的事，但這是能讓你看見成效的最快方法。沒有做什麼事會比加強你在比賽中最弱的技術，能以更快的速度看見練習的效果。而且你在這麼做的同時不僅是在磨練自己的技能，更是在訓練如何誠實地面對自己還有哪裡是需要補強的弱點，並養成自己在關鍵時刻中應該具備的激情、堅韌與專注等素養。當我剛來到這個聯盟時，有位教練提醒我們，即使是在練習、甚至是在打發時間，也不可以在運球時把球運到界外。你要把掌握邊線位置的能力養成一個習慣成自然的天性，要把邊線當成有通電般地避開它，否則在重要的比賽中，你的失誤就可能會害到自己。這就是練習的意義，也是為什麼人們會說：「你在練習時有什麼表現，在場上就會有什麼表現。」

我見過許多和史蒂芬以及雷一樣甚至更有天分的球員一路爬上來，距離夢想只差臨門一腳，卻不再繼續努力，使得一切分崩離析。而史蒂芬與雷這樣的球員與他們不同，是異於常人的存在。這就是為什麼你必須把練習也養成一種習慣，它能幫助你抵禦混亂與一些無關緊要的紛擾。就跟口腔衛生對身體健康很重要，所以不管外頭的天

氣如何、那天的心情如何，你都會在每天早上刷牙的習慣一樣，你也必須把訓練當成是每天早上都要刷牙一樣的習慣。它也會對你的整體表現產生重大的影響，因此不論你正因失敗而沮喪或為成功而欣喜，都要去體育館裡進行投籃訓練。不管你投身的是哪種領域，不練習的後果都會以比你想像中更快的速度朝你襲來。

二十世紀最著名的小提琴家雅夏・海飛茲（Jascha Heifetz）曾說：「一天不練琴，只有我自己清楚；兩天不練琴的話，樂評會聽得出來；但要是三天不練琴，那就人盡皆知了。」我也體會過箇中經驗，如果你不好好維持你優秀的技術，那它退步的速度就會飛快無比。在NBA中最讓人悲傷的一件事，就是看到有多少為了擠進聯盟窄門而奮鬥的年輕球員們，在他們終於達成目標後，卻放任自己向下沉淪。而在他們沉淪的同時，有許多更飢渴的球員正準備取代他們的位置。不管是在哪個領域，如果你想成功，都必須身體力行。

克服三分鐘熱度有一種最有效的方法，就是把訓練當作你日常生活中必做的事。你可能很少從NBA球員的口中聽到這個概念，人們也大多認為這跟棒球和冰球的關聯比較大，但包含我們在內的選手們或多或少都有這種原則或例行習慣。否則我們怎麼有辦法維持這種訓練模式，來應

付這個層級的比賽呢？這就是雷之所以要給自己做一份清單的其中一個原因，將這種例行公事融入自己每一天的生活，這樣就跟不會省略要在早上刷牙的步驟一樣，不會再少做任何一次訓練。

如果你日復一日地堅持下去，就會看到成果。這並不代表你會開始奪冠，記住，這種事是沒辦法保證的。但你會漸漸地發現自己變得更強壯、更聰明、更靈敏。而你看見的成果越多，就會更有動力去繼續訓練，你會明白自己正在積累某種非凡的事物。這就是為什麼溫度節節攀升的德州熱浪也阻止不了我在球場上奮戰不懈，也督促我在比賽後留在體育館裡繼續訓練。我不知道自己最終能達到何種境界，但我知道自己正在建立一些足以令我自豪的成就。

耕耘並且有所收穫的感覺真的很棒。我在高一學期結束後的夏天參加了一場於羅斯福高中（Roosevelt High School）舉辦的夏季錦標賽，並在賽事裡第一次真實地體會到這種感覺。這是我第一次全心全意地投入到籃球之中，我每天都在精進自己的球技。有一位教練載我到體育館，讓我在健身房裡做了人生第一次的重量訓練。這一年，安托萬・傑米森（Antawn Jamison）在北卡大學（The University of North Carolina，UNC）繳出了大爆發的成績，因此我記

得自己一直在體育館裡訓練時模仿他的動作。我可以看到自己變得更強壯、技術變得更純熟，也因此對訓練上了癮。我做了所有能做的練習、重訓與體訓，並在州內最頂級的賽事中施展這些成果。而且，感謝老天，它奏效了。

我們在錦標賽的準決賽中一度大幅落後，大概二十幾分吧。在暫停期間，我只記得自己一直盯著放在場邊記錄台上的錦標賽MVP獎盃。不知道為什麼，但我被那該死的獎盃給迷住了。我真的好想得到它。或許這對我而言是一種認可，證明我投入了多大的努力。我不知道，但我知道在我們大幅落後時，我還是滿腦子想著那座獎盃。而你知道發生了什麼事嗎？我榨出了自己投入在重量訓練與體能訓練中所獲得的一切，並在場上將它融會貫通。我們追回落後的分數，最終在錦標賽中勝出，而我也拿下那座MVP獎盃。我把它放在房間裡的時候還是一直盯著它看，因為它證明了我要是真的很努力，就能夠有所回報。然後我接著想，接下來還有什麼可以當我的目標？

不管是在哪個層級，如果你想要成功就要保持這樣的心態。如果你只想要成果，卻不想付出，那就是在跟自己開玩笑。如果你根本不想努力，那還看這本書幹嘛？

當你得到提升自我的機會時，你應該要為此感到振奮。我總是將完全開發自己的潛能當作我的動力。我想在

每場比賽中都表現出色，而唯一能做到這件事的方法就是在訓練時全力以赴。這就是為什麼找到你熱愛的事物並努力去做是件很重要的事，如此一來你就不會把它當成工作，也不會在意自己需要投入多少時間才能變優秀。畢竟要達成這個目的，真的會花上大量的時間。

如果你想在這個領域中出類拔萃，就沒有太多時間可以花在剪籃網和噴香檳上，你得將大把的時間拿來訓練。所以就算這是件痛苦的事，你也最好想出辦法來享受它。傑瑞·賽恩菲爾德（Jerry Seinfeld）曾說過一句深得我心的話：「人生中最棒的事就是找到一項你不覺得是折磨的折磨……它可能是工作，也可能是一項運動。找到這個你吃得了的苦，你會在這方面表現得不錯。」

我喜歡這句話是因為它很寫實，沒有人會告訴你在重訓室裡揮汗如雨或是在操場上進行衝刺訓練是件輕鬆寫意的事。可能在大多時間中，這些事做起來都不會讓人感到愉快。但如果你真的想成為一名佼佼者，你就要找到讓它對你來說不再是個苦差事的方法。通常在結束訓練後，我會坐下來想像自己獲得成功、在球季開始後使出這些苦練了整個夏天的招式、在關鍵時刻把球罰進與舉起獎盃的畫面。藉由這些視覺化的想像，你可以在這些情緒與情境真實發生在場上之前，事先在自己的腦海裡體驗一遍。

以上這些都是比賽結束後的事。而不論你在什麼層級中打球，當你正處於最佳狀態時，都會感覺並領會到一種快感。這種快感就是進入心流區（Zone）。

　　人人都能對於進入心流區的議題發表自己的看法。但只有透過高強度與積極的訓練以及一心一意的專注，才能到達這個境界。只有持續不斷的練習，才能讓你以頭腦完全清醒的狀態面對一場比賽、甚至一個瞬間。才能讓你在把球從手裡投出時，腦海裡只想著如何保持出手後的延伸動作與身體的平衡，並將他人的質疑、兩萬名尖叫的粉絲、對失敗的恐懼甚至任何事物都排除在外。就像我們在運動場上的其他表現一樣，人們只會在看到我們進入心流區後展現出來的成果時驚呼「天啊，他的等級跟大家完全不一樣！」，卻鮮少看見我們為了到達這個意識層次所付出的努力。

　　很多人常常問我置身在心流區之中的感覺如何，這真的很難解釋。你根本忙到沒辦法釐清當下的狀況，甚至當你還在思考到底發生什麼事的時候，這個狀態就解除了。只有完全專注在當下才能進入這個領域，若是你沒有日復一日為此作好充分的準備是不可能達到這種心境的。這種境界不能強求，但你可以為它騰出空間。就某種程度而言，這種臻於化境的狀態是你努力的回報。大多數披上球

衣、在冠軍之路上前進的運動員，最終的結局都是鎩羽而歸。但不論你是在什麼層級打球，只要你為此有所準備，都有機會體驗到這種全神貫注、聚精會神的心靈狀態。

　　如果整支球隊同時達到這個狀態，就更難得可貴了。你不僅要透過反覆練習把自己該會的技能養成習慣，更要讓整支球隊都做到一樣的事。你們必須進行溝通、防守上的輪換、在進攻時找到有空檔的隊友等訓練。就像我之前寫給你的信中提到的，要讓一支團隊合作無間，需要透過一次又一次的練習，甚至是年復一年的磨合。

　　想想馬刺掙扎了多少年才重回強隊之林，甚至在總冠軍賽擊敗我們。二○一二年，他們在西區冠軍賽中落敗。隔年，他們被我們打敗，並看著我們贏得總冠軍。又過一年，他們完成了漫長的復仇之旅。對他們來說，這是一段慢工出細活的過程，也是一場消耗戰。這支球隊有一批才華洋溢的球員，還有史上最偉大教練之一的葛雷格‧波帕維奇坐鎮指揮。但在這個透過從自由球員市場引進球員組建「超級球隊」的世代，馬刺卻反其道而行。他們保留同一批球員，並年復一年、按部就班地努力訓練，後來也把我們從冠軍寶座上拉了下來。輸球總是讓人痛苦難耐，但努力的人總是令我心生敬意，即使他們是我的對手，我也非常佩服他們為了站上頂點而付出的努力。當然，有差不

多五位名人堂等級的大人物在陣中也很有幫助就是了。

我寫的這幾封信全部都是在討論要怎麼努力。培養心智、超越身體極限、控制自我、學習融入隊友，這一切都不是能唾手可得的成就。如果這有那麼簡單，那贏得冠軍也不會如此令人印象深刻。我可以告訴你事情的經過，也可以試著啟發你，但這一切都要你親自來做。你的故事接下來要怎麼寫，是由你一手掌握。

我此前有提過《最後之舞》，這是一部關於麥可‧喬丹與公牛隊在兩度三連霸期間最後一個球季的紀錄片，如果你還沒看過，那你不但應該要看，更該看完後再繼續複習，把它當成比賽剪輯影片，隨時按暫停品味重點片段後再繼續播放。如果你不仔細看，就可能會錯過許多細節，而我注意到了一件事。在展開最後一次季後賽之旅前，喬丹和隊友們圍成一圈、把手疊在一起。接著，喬丹沒有大吼大叫，而是以非常平靜的口吻說出一句足以作為這場比賽與整個球季精神象徵的名言：「以努力開始，用香檳結束。」

以努力開始，用香檳結束。

那要付出多少努力？

目標有多遠大，就要有多努力。

這是個很簡單的道理。或許有些運動員的天賦和喬丹

一樣高，卻沒有人能比他更努力。為了幫助球隊戰勝九〇年代的活塞隊，他增加了近七公斤的肌肉。為了破解對手針對自己的包夾甚至三夾防守、不讓球隊對此無計可施，他在菲爾・傑克森接過教鞭後苦心鑽研名為三角戰術的全新進攻體系。此外，他也在學著如何當一名傳球好手、戰術組織者與聯盟頂尖防守球員。隨著他的商業帝國日漸壯大，他還得學習如何成為一名業務、商務主管，並在處理各種難題時做出決定。他要花好幾個小時的時間應對記者、回應他人的批評，思考如何與人溝通、如何成為他人的榜樣。這些都不是能輕鬆上手的事，但都令他可以藉機找出自己的弱點並予以改進，也能讓自己得到一個在全新領域中登峰造極的機會。

在有些人眼中，喬丹是史上最具天賦的運動選手之一。他的確是。但在我眼中的他，更是一個從未停止學習的人。從他身上，我看見了投入成百上千個小時的努力訓練。

此前我提過，當我效力於熱火時，史波斯特拉教練把麥爾坎・葛拉威爾寫的《異數》拿給我看，這本書裡有一句很有名的話，指出若想熟練任何一種技巧，都得投入一萬個小時左右的訓練。羅伯特・葛林（Robert Greene）所著的《精通》（*Mastery*）是另一本探討如何在你投身的領域

中達成卓越成就的好書，作者在這本書中則認為要花大概兩萬小時左右的時間才有辦法精通一門技術。其實不管是幾小時，他們想說的都是經驗法則的概念。事實上，有許多人投入了更多的時間，卻還是無法攀上巔峰。假如你投入了多少小時的時間，就能百分之百地保證你可以獲得多大的成就，那麼這項成就便顯得沒那麼特別了。

　　沒有人能在邁開腳步踏上旅程之前精準地預知自己會花多少錢，或許這也是安排一趟旅行很辛苦，但到達目的地時卻能得到豐厚收穫的原因。或許在那一刻你唯一能說的，就是「想獲得什麼，就必須付出相同的代價」。

結語

　　把每一場比賽當成自己的最後一場在打。

　　你可能數不清自己聽過這句話幾次了。如果你覺得它是一句老梗，就會把它耳邊風。如果你把它當成能鞭策自己的良方，就會用它來激勵自己。

　　但你從來沒有讓這句話真正觸動到你的心靈過。因為這句話的概念太過濫情，它的真實意涵卻又沉重得讓人不願意深入思考。由於我進入NBA打球的畢生目標被突然且殘忍地剝奪，令我親身體會到它的箇中滋味。因為一個莫名其妙的醫學問題，讓沒有做錯任何事的我被迫名列於傷兵名單，只能枯坐場邊。近期有句話在網路上盛傳，有段時間中，某些人說它的出處是《沙地傳奇》（*The Sandlot*），雖然就我印象中這句話並沒有出現在這部電影裡，但它的確很符合劇情的氛圍：

你和朋友們在孩提時代一起玩耍的時光，會在某個無人知曉的日子劃下句點。

在二月某個星期三晚上出戰馬刺的比賽，是我最後一次在NBA披掛上陣。我們沒有贏，打得也不是特別出色，這在聯盟的歷史中就是一個例行球季裡一場平凡無奇的比賽。我只想著要如何提振球隊的表現，讓我們有機會在明星賽後朝著總冠軍的目標前進。勒布朗當時已經離開熱火，並試圖率領騎士衛冕東區冠軍的寶座。

我覺得我們有本錢與他們一戰，甚至有機會擊敗他們。這會是個多麼經典的系列賽啊，絕對會名垂千古。

但這個對戰組合沒有成真。

二○一五年冬天，醫生在我的肺裡發現了血栓。我本來以為這只不過就是運動員偶爾會遇到的小病小痛。我提前結束球季，並花了點時間來治療。

一年後，他們在我的腿上發現了另一塊血栓。我本來以為我能戰勝病魔、完全康復，並以更強大的姿態重返球場來為季後賽奮戰，但這個心願沒有實現，因為問題一直沒有解決。剝落後的血塊可能會在你的心血管系統裡循環，如果你在進行打籃球之類的高強度運動，就更有可能使這樣的情形發生。如果這個血塊卡在將血液輸送到肺部

的動脈裡，就會造成肺栓塞；如果它卡在心臟裡，就會引發心臟病；如果它卡在大腦裡，就會使人中風。醫生們跟我說：「如果你執意重返球場，就是在玩命。」老實說，我花了一段時間才搞清楚醫生們想表達的重點。我們在討論的可不是「終結職業生涯的傷病」，而是我真的有可能因打籃球而失去性命。我一開始覺得「籃球就是我的生命」，有時候，我真的覺得冒著生命危險打球比放棄籃球更有意義。

正是這樣的時刻教會你對自己的事業懷有遠大目標與熱情有多重要。它不僅讓我重新審視自己為什麼會打籃球、籃球對我而言的意義是什麼，最重要的是，這樣的時刻也讓我反思自己身而為人的價值。那年春天，我被迫在季後賽中缺席。我還是抱持著這個問題可能會在夏天的時候解決、我可以在明年重返球場的期待，但這並沒有成真。我在就連自己也沒有預期到的情況下，打完了生涯的最後一場比賽。

現在到底是什麼狀況？這本來有辦法避免的嗎？我從高中起就努力訓練、在比賽中全力以赴，也在控管身體狀況、飲食，並與隊友打好關係，所有能做的我都做了。但因為我無法控制的因素、一個只不過幾公分寬的血塊，就使我的職業生涯不得不就此告終。我為這項運動付出了一

切，為什麼這種事會發生在我身上？

「他們不問原因。」那首詩是這麼寫的。[1]

事情發生了就是發生了。

斯多葛學派認為，我們沒辦法掌控什麼事情會發生在自己身上，而我們唯一能控制的就是如何應對。

我曾以為贏得NBA總冠軍是我達成的成就中最困難的一個。事實證明，在NBA中奪冠比接受自己不能繼續打籃球的事實簡單多了。這就像是我的一部分從此死去，就像我的生命早早便從此缺了一角，它遭人竊取、被人奪去。

有些人看到我取得的成就後，會對我說：「嘿，老兄，你已經擁有一個很出色的職業生涯了。你應該為此感到驕傲，並以健康為重。」

的確是。某種程度而言，我知道他們說的沒錯。感謝上蒼保佑我取得這些成就，而且有很多人結束職業生涯的方式比我的結局悲慘多了。想像一下，自己在場上摔斷了腿，然後躺在擔架上承受著難以置信的疼痛。想像一下，有一天早上在訓練營裡發現自己被裁了，前一秒還有人說

1　譯註：阿佛烈・丁尼生（Alfred Tennyson）所著的〈輕騎兵進擊〉（The Charge of the Light Brigade），一首紀念巴拉克瓦克戰役與英國輕騎兵的詩。

很高興認識你，下一秒就有人叫你捲舖蓋滾蛋。基於理性來考量，我知道自己已經是籃球圈裡最幸運的球員之一了。

但就如你所知，在這項運動中有些超脫理性之上、無法用理論來解釋的事物。人們為體育賽事瘋狂，為此投入了深沉的熱愛，也說出了許多意義深遠的話。有人說籃球就是他的命。這是真的。也因此當它從你的生命中消失時，無論它是怎麼消失的，都會讓人感受到實實在在的悲傷。

對我而言，籃球不僅是天職，更是每天都要做的事。那我對健康是怎麼想的呢？想到我帶傷上陣的過往、在球場上面對的風險、經歷過的戰鬥……我就會覺得，每次繫緊鞋帶、站上球場，都是在冒著可能受一點傷的險賭上自己的健康。儘管我知道可能會讓我得柱著拐杖走路的傷勢根本無法和可能會讓我死掉的疾病相提並論，後者嚴重得多，我還是很難接受這個不能再打球的事實。

籃球就跟生命一樣，結束也是生命的一個環節，而不管它是怎麼結束的，都會令人感受到苦楚。我不知道當自己知曉職業生涯結束時所感受到的痛苦程度，與身處同樣處境的其他人相比是高還是低。你只有一次機會能夠體驗到這種專屬於你的感覺。不論我們在結局將近時痛苦掙扎

還是以優雅的姿態華麗轉身，終究都要離開這個舞台。

　　無論是大學冰球校隊、大學游泳生涯的最後一年，還是了解到自己永遠沒有機會被叫上大聯盟的那一天，最終我們都將褪下運動員的身分，這是必然會發生的結果。我們之中的有些人會因為膝蓋傷勢而永遠無法再投出一記跳投，有些人會因為車禍而永遠跑不了馬拉松，有些人則是會因為年華老去而開始打高爾夫球、退出激烈碰撞的美式足球場。

　　離開球場對我來說是靈魂層面的考驗，但它也以另一種形式替我的靈魂開了一扇窗。我因此理解到運動不僅僅是為了贏球、獲得報酬、追求進步。這些事當然很重要，但建立友誼、為自己喜歡做的事而進行日常訓練、與隊友攜手共度難關、超越自己的極限，也一樣深具意義。我從中學到如何與隊友一起為了一個明確目標而努力，並品味隨之而來的勝利與失敗。

　　這是段充滿挑戰的旅程，但我也不喜歡沒有挑戰的人生。我在打球時也有相同的感受，正是因為我們為此投入了許多事物，冠軍的滋味才會這麼甜蜜。而在我結束籃球生涯後的人生能夠如此美好，也是因為對我來說沒有什麼事比它還要困難。我沮喪過，也曾自怨自艾過，有過諸如此類的低迷時期。但是你在打球時學到的經驗會留在你的

身邊，而我學到的其中一件事，就是如何不畏任何痛苦，在被擊倒的時候站起來。你必須憎惡失敗，從失敗中吸取教訓，才有可能在最高層級的殿堂上取得成功。離開球場令人痛苦難耐，但我們在比賽的過程中，也為伴隨著這一刻而來的痛苦做足了充分的準備。

我已經在這幾封信中不斷告訴你，如果你在運動中只獲得了更強壯的肌肉或更強健的身體，那麼你便會與許多可以從中獲得的事物擦肩而過。你可以藉此獲得機會，學習如何與他人真誠相待，接受他人的批評並從中成長，輸得瀟灑、贏得光彩，在身心方面不斷超越自己並不再設限。因為籃球教給我的一切令我的生活變得更加多采多姿，而這些財富現在成為了我的一部分，不論我在場上還是場下都能保有這些資產。

現在我的家裡也有一支隊伍，也就是我的五個孩子。我每天都盡我所能地在教導他們時以身作則，並期待自己該如何做好準備以面對下一個挑戰。因為我覺得籃球就像是人生的第一個球季，而我現在的任務就是要找到新的目標，讓我為此盡自己所能地發揮，並像從籃球中學習一樣，在這個領域中學習新的事物。

我一直在想像自己會跟大衛‧羅賓森（David Robinson）一樣，在職業生涯的最後一年贏得冠軍。即使我會因為受

傷而被迫告別球場，也希望自己能像裴頓‧曼寧一樣，在打最後一次超級盃時硬撐著自己傷痕累累的身體、一瘸一拐地拼死贏得勝利，接著便旋即退隱江湖。就算我沒辦法在生涯的最後一年奪冠，也想用自己的風格來結束自己的職業生涯，就像韋德或德克一樣在最後一季退休巡迴各地時迎接觀眾的喝采。

但一樣，這也不可能成真了。

我不會再去追究為什麼。

因為事情發生就是發生了。

我很失望、生氣、悲傷。

但我所能做的就是觸底反彈、繼續前進，並解決下一個難題。因為……這就是人生。

一段旅程的終點，就是下一段旅程的起點。勒布朗有句話說得很對，那就是我們「不只是運動員」。你知道大衛‧羅賓森現在在做什麼嗎？他正在經營一所名為卡佛學院（Carver Academy）的新創型學校，在聖安東尼奧幫助了數以千計的孩童。記得比爾‧布萊德利（Bill Bradley）嗎？他後來當上了美國參議員。謝拉德‧福特（Gerald Ford）本來有機會成為NFL的球員，但他選擇繼續研讀政治和法律，最終走進白宮，當上了總統。史蒂夫‧楊恩（Steve Young）在經營一家投資公司，瑪雅‧摩爾（Maya

Moore）則已經成為一名倡導社會正義和刑事司法改革的成功社運人士。史蒂芬・傑克森（Stephen Jackson）則在結束了NBA十多年來的職業生涯後，投入於主持一個Podcast節目。一開始不知道自己要做什麼的他，在自己的童年好友喬治・佛洛伊德（George Floyd）遭到警察殘忍地殺害後，立刻明白了自己的使命是什麼。

我們不只是個運動員，這句話的意思不是在貶低運動員，而是一種稱讚。對於投身商場、政壇、領導階層或為正義而戰的領域，有誰做的準備能比我們這些經歷了多年挑戰的運動選手還要多？不論你是否對此有所認知，每一次訓練、每一次受到的打擊與每一場勝利或敗北都是在為將來的某些事情鋪路。不要被別人灌輸「閉上嘴巴運球就好」的觀念。在與國家和未來發展方向有關的事務上，你不僅有權參與，更可以為此做出貢獻。我甚至認為，這是你的義務。

我花了一段時間進行許多的思考與談話，甚至寫了這本書，才覺得或許我以這種方式退出球壇其實很完美了。

季中對陣馬刺的那場例行賽沒什麼亮點，但籃球就是這麼回事。在一場普通的例行賽中跟老對手碰頭，除了獲得在成千上萬的粉絲面前打籃球的特權，你不會對這場比賽有什麼期待或覺得它有什麼特別之處。我只不過是上場

並為了比賽全力以赴罷了。這些年來我打過數百場這樣的比賽，它應該也跟你打過的比賽沒什麼不同。而我會為了它竭盡全力，並不是因為我知道這會是我的最後一場比賽，而是因為我把每一場比賽都當成最後一場來打。我沒有料到的是，這場比賽真的成為了我的告別秀。我在球場上依然飢渴，並在第四節也從肌肉中感受到了熟悉的灼熱感。我為球隊捨棄了自負，在隊友犯錯時彌補他們的過失，而他們也同樣會對我伸出援手。我專注在當下，甚至覺得自己在進攻時間倒數時感受得到它在每一次讀秒發出的聲響。

你也可以選擇以這樣的態度對待每一場比賽，把每場比賽都當成最後一場在打。即使在你心不甘情不願、身體與內心都在對你尖叫抗議時，也要繼續訓練。在有人建議你走上輕鬆的道路時，依然選擇困難的道路。專注在當下的比賽與隊友攜手作戰。無論你參與的是哪種運動，都要記得那項運動是凌駕於你之上的宏大事物，並永遠不要忘記自己也是為了成就一番更偉大的事業而生。

如果你這麼做了，就算你可能會和我一樣對運動生涯落下帷幕的方式有些失望，也不會在回首當年時感到任何一絲的後悔。

致謝

　　靠著整個團隊的努力，我才能完成出書的巨大挑戰。這些人們在這段美夢成真的旅程中幫助過我的恩情，我將永生難忘。

　　我要感謝在我陷入困境、距離這個目標遙不可及時，支持並鼓勵我的妻子和孩子們。

　　我要感謝創新藝人經紀公司（Creative Artists Agency，CAA）的經紀人安東尼・馬特羅（Anthony Mattero）與賈斯汀・卡斯提洛（ Justin Castillo），是他們給了我這個機會，讓這本書得以問世。老實說，當我第一次有寫書的念頭時，我起初覺得這個目標太不切實際、太難以達成。透過許多次的會議和電話溝通，我們才終於想出了一個計畫。感謝你們的努力。我還要感謝已故且了不起的亨利・湯瑪斯（Henry Thomas），他是我的前經紀人，在我認識的人中是最出眾的一位，也是個真的很好的人。願你安息。

　　感謝萊恩・哈勒戴（Ryan Holiday），投入了數不清的

時間溝通、進行語音紀錄並讓這本書變得更好。在我們第一次共進午餐時，我就知道你就是我要找的合作夥伴。和你一起完成這本書的過程中也讓我學到了很多，了解如何清晰地傳遞訊息是我從此以後都不會忘卻的能力。在這段充滿挑戰的過程中，你使它充滿了更多樂趣並讓人能樂在其中。

感謝企鵝出版社（Penguin）的史考特・莫耶斯（Scott Moyers）與他的團隊，以及從起草到精煉每個章節中的每個字句時所進行的每一次討論。這些無數往返的電子郵件讓我明白，你們和我一樣重視能否將書中的訊息傳遞出去。寫作和編輯本來可能會是一段枯燥乏味的過程，但因為有你們的協助，使它成了一段愉快的體驗。很高興能與你們共事，我也期待未來還能和你們繼續合作，前方還有許多事業等著我們一起完成！！！

另外我還想告訴大家一件事，如果你付出了努力，就能夠完成一些令人吃驚的事。這本書，就是活生生的證明。

入魂 015

你的人生，為何而戰：
NBA 名人堂成員波許寫給人生的 12 封生命指引

Letters to a young athlete

作　　者　克里斯・波許（Chris Bosh）
譯　　者　李祖明

堡壘文化有限公司
總 編 輯　簡欣彥
副總編輯　簡伯儒
責任編輯　張詠翔
行銷企劃　許凱棣
封面、內頁設計　陳恩安
內頁排版　新鑫電腦排版工作室

讀書共和國出版集團
社　　長　郭重興
發行人兼出版總監　曾大福
業務平臺總經理　李雪麗
業務平臺副總經理　李復民
實體通路組　林詩富、陳志峰、郭文弘、吳眉珊
網路暨海外通路組　張鑫峰、林裴瑤、王文賓、范光杰
特販通路組　陳綺瑩、郭文龍
電子商務組　黃詩芸、李冠穎、林雅卿、高崇哲、沈宗俊
閱讀社群組　黃志堅、羅文浩、盧煒婷
版 權 部　黃知涵
印 務 部　江域平、黃禮賢、林文義、李孟儒

出　　版　堡壘文化有限公司
發　　行　遠足文化事業股份有限公司
地　　址　23141 新北市新店區民權路 108-2 號 9 樓
電　　話　02-2218-1417
傳　　真　02-2218-8057
E m a i l　service@bookrep.com.tw
郵撥帳號　19504465 遠足文化事業股份有限公司
客服專線　0800-221-029
網　　址　http://www.bookrep.com.tw
法律顧問　華洋法律事務所　蘇文生律師
印　　製　韋懋實業有限公司
初版 1 刷　2022 年 8 月
定價　新臺幣 430 元
ISBN 978-626-7092-46-0
EISBN 9786267092484（EPUB）
　　　　 9786267092477（PDF）

國家圖書館出版品預行編目資料

你的人生，為何而戰：NBA 名人堂成員波許寫給人生的 12 封生命
指引 / 克里・波許 (Chris Bosh) 作；李祖明 譯 . -- 初版 . -- 新北市：
堡壘文化有限公司出版：遠足文化事業股份有限公司發行 , 2022.08
　　面；　公分 . --（入魂；15）
譯自：Letters to a young athlete
ISBN 978-626-7092-46-0（平裝）

1.CST: 波許 (Bosh, Chris, 1984-) 2.CST: 運動員 3.CST: 職業籃球
4.CST: 傳記

785.28　　　　　　　　　　　　　　　　　　111008384